合同攻防术二十四式

李仁田　王小姣　编著

中国出版集团有限公司

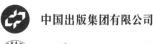
西安　北京　上海　广州

图书在版编目(CIP)数据

合同攻防术二十四式 / 李仁田, 王小姣编著. —西安：世界图书出版西安有限公司, 2024.1
ISBN 978-7-5232-1079-6

Ⅰ. ①合… Ⅱ. ①李… ②王… Ⅲ. ①合同法—研究—中国 Ⅳ. ①D923.64

中国国家版本馆 CIP 数据核字(2024)第 045247 号

书　　名	合同攻防术二十四式
	HETONG GONGFANG SHU ERSHISI SHI
编　　著	李仁田　王小姣
策划编辑	赵亚强
责任编辑	郭　茹
出版发行	世界图书出版西安有限公司
地　　址	西安市雁塔区曲江新区汇新路 355 号
邮　　编	710061
电　　话	029-87214941　029-87233647(市场营销部)
	029-87234767(总编室)
网　　址	http://www.wpcxa.com
邮　　箱	xast@wpcxa.com
经　　销	新华书店
印　　刷	陕西龙山海天艺术印务有限公司
开　　本	787mm×1092mm　1/16
印　　张	17.25
字　　数	230 千字
版　　次	2024 年 1 月第 1 版
印　　次	2024 年 1 月第 1 次印刷
国际书号	ISBN 978-7-5232-1079-6
定　　价	39.80 元

版权所有　翻印必究
(如有印装错误,请与出版社联系)

要充分发挥律师事务所和律师等法律专业机构、专业人员的作用,帮助群众实现和维护自身合法权益。

——习近平

序

中国共产党第二十次全国代表大会刚结束,李仁田和王小姣两位年轻的中共党员律师就将样书送给我,叙说了编著此书的目的和简单过程,想请我给此书写一篇序言。

李仁田律师孝而自立,敏而好学,和而自重。在2012年度他获得先进个人荣誉时,我曾经撰写颁奖词给他:"义者,以众人之事为己担当之事,虽有劳作之苦而无怨愤之言,虽有牺牲之难而无退避之举。"这是对他的希望,也是对我自己的鞭策。

王小姣律师是西安人,比我女儿年龄还小,她大方有度,活泼有礼,工作有方,是90后女律师中的可期之才。

对两位青年才俊的要求,我不能推卸,也不敢懈怠。这几天会议和事务颇多,但本着尊重他人就是庄严自己的准则,将二百多页的样书大字本,仔仔细细通读了一遍,个别重点部分又回看和对比了一下,可谓收获良多,感慨良多!

古今中外,合同也叫契约、书契、协议、条约等名称。大家都知道,生产和交换,是人类赖以生存的物质基础。有了文字以后,除去当即交付的行为之外,只要有了时间和空间的差异,人们对产品的生产,特别是交换、运输等行为,就需要以文字的形式加以明确与约束,这就是合同产生的客观条件和主观需求。同时,随着共同货币这一共识共认媒介的广泛运用,合同这一以生产、交换为主要内容的表现形式就会越来越丰富,越来越广泛。

据历史记载,我们的祖先在商朝,就有了契约。到了周朝,文字形式的契约越加广泛。而且随着考古的文献发掘,古丝绸之路的遗址上就发现了契约的历史文物资料。由此我们可以推断,在我们中华民族的文明史上,契约这种民族区域内和区域外的交流和交换模式,应该比商朝和汉朝更早一些,可以毫不谦虚地说:我国自古就是一个"合同大国"和"契约王国"!

我必须指出的是:合同,虽然在现在的分科形式上属于法律学研究或评判的对象,但它在历史上、在事实上,却不是仅仅为法律所覆盖和局限的,它涉及人们所有的政治、经济、文化、军事、对外交往等方面,我们只不过在近代科学细分后,才把它人为地抽出来,作为法律科学研究的对象。

在新中国成立以后,我们关于合同的代表性法律法规,有几个标杆:

第一部,是1950年9月27日政务院财政经济委员会颁布的法规,即《机关、国营企业、合作社签订合同契约暂行办法》。

第二部,是1981年第五届全国人大第四次会议通过的《中华人民共和国经济合同法》。我在大学学习和初为律师的时候,学习和运用的就是这部法律。

到1999年,第九届全国人大第二次会议通过了《中华人民共和国合同法》,这是第三部有关合同相关内容的法律。

第四部,就是现在被称为公民小宪法的《民法典》,《民法典》中将合同法的内容编入第三篇,做了一些调整和补充。

从发展历史来看,合同法经历了从狭隘到广泛,再从广泛到融入社会主义市场经济的法律和法学进步与成熟的过程。

由于法律是一门比较庞杂的科学,而法律条文本身的表述也比较晦涩难懂,比较呆板无趣,有些背景、宗旨、适用范围、生成条件、构成因素、处理方式等,要经过系统的学习和长期的演练,才能完整、准确地理解和运用。所以,除了立法、执法和司法工作者以及从事法学相关科研教学的人以外,很难有效地直接用法律解读问题和处理问题。但人们的工作、生产、生活和交换、交流、交际,又时常涉及法律问题,因而法律的运用,又几乎人人相关、事事相关。我们大家迫切需要掌握一些基本的法律知识、法律原理、操作技能和约束技能、防范技能。

两位年轻的律师,就是怀着这个善意和初衷,在工作之余,凝聚心血与汗水,为我们呈奉了面前这本书。我们都知道,人物、事件、结果、依据,是法律读本的四大板块。两位律师以活泼有趣的笔法,图文并茂,给我们虚构了两个漫画人物:郑大钱和王二狗,并以自己承办过的案件、公开的案例为基础,辅以文学、历史典故,经过演绎和浓缩、升华,编纂为二十四个事件(故事),然后与"招式要诀"的题眼相呼应,推导出结果,再以职业律师的思维和角度,提出警示事项和关注要求,最后提供法律依据或相关工具、相关平台供读者参考和运用。从可读性、普及性、实用性等方面而言,可以让读者读懂故事,受到教育,深入思考。从体例性、完整性和逻辑性而言,可以让读者不感觉枯燥、迷乱,终而大受裨益。

当然,本书是两位律师的开山之作,难免有生涩之处,仅就法律层面而言，在规范性、严谨性上还有进一步雕琢和提升的需要与空间。但平心而论，已经是珠玉之作了，完全可以满足商企人士、在校学生以及其他广大群众的需要！

习近平总书记在党的二十大报告中，再次提及法治国家、法治政府、法治社会三位一体的战略目标，明确要求我们要"深入开展法治宣传教育，增强全民法治观念"以及"引导全体人民做社会主义法治的忠实崇尚者、自觉遵守者、坚定捍卫者"。两位青年律师躬行刻苦，在党的二十大刚刚闭幕之际，就为人民群众奉献了自己所思、所想、所学、所为的优秀成果，这就是以自己的智慧和行动，贯彻党的二十大精神，响应习近平总书记"广大青年要坚定不移听党话、跟党走，怀抱梦想又脚踏实地，敢想敢为又善作善成，立志做有理想、敢担当、能吃苦、肯奋斗的新时代好青年"的号召。这就是我们律师行业党委要求的优秀青年律师应该做的实事、善事和好事。

最后，我仍然引用十年前给李仁田律师的颁奖词作为本文的结束语："投入真心的职业才是事业，寄托热情的工作才有硕果。"希望李仁田和王小姣两位青年律师不忘初心，不负梦想，继续秉承人民律师为人民的服务宗旨，创作出更多更好的优秀作品。同时，更希望并祝福广大青年律师不负韶华，不负时代，干出佳绩，创造辉煌！扬弘毅，是为序！

陕西省律师协会副会长
西安市律师协会监事长

前　言

相传,独孤九剑乃一代剑魔独孤求败所创,以无招胜有招,杀尽仇寇,败尽英雄,欲求天下敌手而不得。

独孤九剑的武学原理,在于将对手的招式全部拆解,通过其身形步法、呼吸吐纳、眼神劲道,预测其下一步招式,做到提前应对。

这就是风清扬一再强调的"料敌机先",也是九剑的精髓!

天地同根,万物同源,大道至简。

合同法律风险防控与独孤九剑的原理一致,如果在交易前能将法律风险"料敌机先",当交易出现风险预警征兆时,就能及时采取防控措施,防患于未然,将风险扼杀在摇篮。

日常交易中,法律风险防控不容小觑。

曾有人问美国通用电气公司原总裁杰克·韦尔奇:"你最担心的事情是什么?"他回答说:"其实并不是GE(通用电气)的业务使我担心,而是有什么人做了从法律上看非常愚蠢的事而给公司的声誉带来污点并使公司毁于一旦。"

李嘉诚先生曾说:"没有律师的意见,我都不敢在合同上签字,离开律师,我什么都做不了。"

从两位商界传奇人物的口中,我们可以真切地体会到法律风险防控的重要性。要防范法律风险,合同是永远都绕不开的话题,我们先来思考第一个问题:签合同的目的是什么?

纵观中华上下五千年文明史,有无数的交易产生,但并不是每一桩交易都签订了书面合同,相反,更多的交易是"一个唾沫一个钉"的口头协议,但这些交易大都顺利履行了,而且绝大多数没有产生法律纠纷。可见,没有合同,交易也是可以顺利进行的。那为什么还要签合同呢?

是为了督促履行?为了备忘?抑或是为了交易形式的完美?

每个人从不同的角度出发,会给出不同的答案,笔者从律师的视角出发,将签订合同的核心目的总结为:为打官司做准备!有了合同就有了保障,通过合同,我们可以把"丑话说在前面",一旦对方履行合同不适当,我们可通过"打官司"的途径寻求帮助。如果不是以防事后打官司,我们的书面合同就可有可无了,因为历史经验告诉我们,没有合同也可以交易。

知道了为什么签合同,我们再来思考第二个问题:合同是写给谁看的?

是写给交易伙伴看的?写给自己看的?还是写给专业的法律人看的?这些答案都对。交易伙伴肯定是要看合同的,不然怎么签合同呢?我们自己也要看合同,总不能不清不楚地交易吧。专业的法律人也得看合同,要不然法律风险就无从把控了。

要回答这个问题,还是要回到第一个问题,既然签合同的目的是为打官司做准备,那合同就应该是写给法官看的,因为在诉讼中,合同的最终评判者是法官。这样说来,让法官来写合同就最好不过了,但是法官限于职业伦理,是不可能给我们起草合同的。

那么,第三个问题就来了:应该由谁来起草合同呢?

您想的没错,应该由精通裁判规则的专业律师来起草合同。一位能洞悉裁判规则,熟悉交易流程,用法官的视角来审查合同的律师,在交易中显得难能可贵,尤其在商务谈判中,律师的参与已经是必不可少的了。尽管我们可以聘请律师参与合同的谈判、起草、修订等工作,但是律师的时间和精力毕竟是有限的,他们不可能参与交易的每一个环节。作为交易者,要是自己能掌握一些法律的基本常识,在交易中将会大有裨益。

法学是一门很专业的学科,法律条文晦涩难懂,法学理论博大精深,不能苛求每一位参与交易的社会大众熟悉法律,更不要说一头扎进浩瀚的法律条文中去探究法律规则。最令人惋惜的,莫过于因缺乏法律常识而蒙受损失,最终以承担法律责任为代价从而汲取些许经验教训。

前车之鉴,后事之师。

如果能有一本"武功秘籍",归纳出交易中常见的法律风险要点,并施以解决之道、攻防之术,交易者将会避开很多"暗器",减少不必要的损失。怎样才能让普通的交易者掌握一些交易中最基本的法律常识?于是笔者萌生了写这本书的想法。

《文心雕龙》里有句话说得好,"操千曲而后晓声,观千剑而后识器"。

笔者不才,在十多年的律师执业生涯中,虽然每年经手的合同都超过千余,但绝不敢妄称"识器"。在"案牍劳形"之余,突发奇想,结合《民法典》的最新规定,总结出了实务中常见的一些交易法则,汇编为《合同攻防术二十四式》。

为了增强本书阅读的趣味性和连贯性,笔者虚构了"郑大钱"(谐音挣大钱)和"王二狗"(土名二狗子)两个人物,选取自己承办过的案件、近年来司法判例和古今中外耳熟能详的典籍故事,将案例和故事串联起来,形成一个整体。每一节对应一个交易法则,并冠以颇具武侠风味的五个栏目,其中"招式要诀"是交易法则的概述,"商道演义"是郑大钱和王二狗之间的恩怨故事,"演义拆解"是针对故事情节的法律分析,"攻防招式"是一些富有操作性的律师意见,"招式依据"是《民法典》等法律法规关于交易规则的相关规定。

本书无意于成为"武功秘籍",但求能对交易者有哪怕一丁点的法律思维启发。

西方谚语有言"财富的一半来自合同"。

合同是交易者财富的守护者,在实务中,交易的法律风险千姿百态,合同的类别五花八门,本书所列的"二十四式",仅是一些常见的合同法律规则,并不是"包治百病"的万能方药,实务操作中还需"具体问题具体分析",切莫生搬硬套。本书以防范法律风险为主要内容,这段话也算是作者对本书的法律风险提示与说明。

美国霍姆斯大法官说:"法律的生命不在于逻辑,而在于经验。"

本书在一定程度上是作者的经验总结,难免会带有一些个人观点和片面性,同时限于作者的学识和认知水平,难免会有错漏或不妥之处,希望读者抱着宽容和审慎的态度阅读,如有不同见解,还望不吝赐教,不胜感激!

2024 年 1 月 1 日

目　录

引　子／001

第一篇　合同磋商

第一式　亢龙有悔：触刑律,莫伸手／004
第二式　竹篮打水：保安全,防无效／019
第三式　掘地三尺：查主体,明底细／032
第四式　以假乱真：假磋商,要担责／044
第五式　纵横交错：细编织,互制约／052

第二篇　合同签署

第六式　一拍即合：发要约,待承诺／062
第七式　滴水不漏：字词句,细斟酌／072
第八式　正大光明：免责任,要提醒／082
第九式　覆水难收：若反悔,双倍退／091
第十式　金蝉脱壳：盯期限,防脱保／099
第十一式　按部就班：办登记,交质物／110
第十二式　有言在先：说丑话,要适度／120
第十三式　以逸待劳：选管辖,宜便利／129

第三篇　合同履行

第十四式　步步为营:有行动,必留痕 / 140

第十五式　拾遗补阙:先补充,后惯例 / 148

第十六式　见风使舵:有风险,可中止 / 157

第十七式　白鹤亮翅:遇变更,勿默许 / 165

第十八式　探囊取物:物抵债,看期限 / 172

第四篇　合同救济

第十九式　力挽狂澜:转资产,速撤销 / 182

第二十式　亡羊补牢:有损失,防扩大 / 190

第二十一式　全身而退:解合约,发通知 / 197

第二十二式　时不我待:满三年,胜诉难 / 206

第五篇　合同管理

第二十三式　狐假虎威:被代表,亦担责 / 216

第二十四式　建章立制:明制度,控风险 / 223

参考文献 / 229

附录一　最高人民法院关于适用《中华人民共和国民法典》合同编通则若干问题的解释 / 230

附录二　合同攻防术二十四式体系表 / 257

附录三　缩略语表 / 258

后　记 / 259

引 子

《临江仙·商道吟》词曰：

熙熙攘攘逐名利，民法瞰尽离合。你方唱罢我登场，个案百态生，法理永流传。

"大钱""二狗"演商道，揽尽市场风云。交易规则说万千，论到精妙处，还看攻防术。

话说有一城，不知其名。

城中有一店,唤作"知音阁",主营音响设备。店内陈设整齐,纤尘不染。

店主姓郑,四十来岁,腰圆体胖,经营有方,人称"郑大钱"。

城外有一铺,取名"瓜子铺",常年购销各类瓜子炒货。铺里杂物满地,狼藉一片。

铺主姓王,二十出头,矮小瘦削,吊儿郎当,人称"王二狗"。

蕞尔小城,照面即熟。郑大钱与王二狗都是生意人,素有往来。

二人在这无名城中,演绎了一段跌宕起伏的商界传奇,有好事者闻之,随笔漫记,以为茶饭笑谈,不意于仁田律师所得,感商道之波诡云谲,人事之似水如烟,遂携小姣律师详加增订,批阅三载,增删五次,终成此卷,以醒世人,以扶正道……

第一篇

合同磋商

第一式
亢龙有悔：触刑律，莫伸手

招式要诀

触刑律，莫伸手，是指在交易过程中要有"红线"意识，对触犯刑事法律规范的行为要坚决说不。

商道演义

第一回　陷囹圄郑彪伏国法
　　　　　送金蟾二狗庆开业

"你认识郑彪不？跟郑彪是什么关系？"

王二狗端坐在特制的凳子前，一名身穿制服的警察询问道，另一名警察在本子上做着记录，笔尖摩擦纸张的沙沙声充盈在狭小的空间里。

"郑彪跟我是老乡，我们私下都叫他彪子，他经常来我的店铺买瓜子，没事在店里侃天说地。"王二狗如实陈述。

第一篇 合同磋商

"郑彪售卖金银饰品的事,你参与了没?"

"售卖金银饰品?我不知道啊,警察同志,我就是个卖瓜子的。郑彪没事在店里侃天侃地,说他当混混的那些事情,但是我从没干过违法乱纪的事情啊,警察同志,你好好查清楚啊。"王二狗激动地冲着警察边说边比画,一时竟要挣脱座位的束缚冲到警察面前去解释。

"坐下!如实陈述问题!"提问的警察喝道。

"为啥你跟郑彪有频繁的资金往来,你怎么解释?"警官说着从桌子上拿出一沓银行转账明细,放到王二狗面前。

王二狗接过银行流水单,一张一张地翻看,指着单子解释:"警察同志,您好好看看,这些都是买卖瓜子的流水……"

"你仔细看清楚喽!上个月有一笔5000元定金是怎么回事?"

王二狗头上冒出浓密的细汗:"警察同志,您听我解释,我跟彪子的大伯郑大钱是好朋友,这个月郑大钱音像店开业,我和几个老朋友合计送一尊金蟾,刚好彪子蹚这条路,就托彪子订货,这5000元就是金蟾的定金,现在金蟾还没着落呢,彪子反倒出事了。警察同志,彪子到底犯啥事了?我的5000元还能要回来不?"

"查清楚后会通知你的。"

"我是受害者啊,警察同志,我的5000元定金不能就这么打水漂了。"王二狗露出委屈的神情。

"好了,赶紧看笔录签字,有情况我们会随时联系你。"另一名警察示意王二狗在笔录上签字捺印。

王二狗签完字,试探地问:"警察同志,彪子的事严重不?"

"未经许可私自倒卖金银制品,要坐牢的,你说严重不?"一名警察随口道。

王二狗"哦"了一声,再没敢多问,忙乱地签了字,按了指印,走出了派出所。

盛夏的午后,太阳炙烤着大地,闷热的气息包裹着王二狗,王二狗大汗淋漓地走在回瓜子铺的路上。

瓜子铺前有三棵老槐树,树上的叶子密密麻麻,像三把撑开的大伞,撒下一地阴凉,夏天大家都喜欢在老槐树下乘凉,连带着王二狗瓜子铺的生意都好了许多。

大家聚集在树下议论纷纷,七嘴八舌地谈论郑彪被抓的事,有说郑彪吸毒被抓的,有说郑彪涉黄被抓的,还传言王二狗跟郑彪私下交易也被抓了。突然大家看见王二狗满头大汗快步走回来,一时噤了声,你看我,我看你。

王二狗心知肚明,对着人群揣着明白装糊涂地说早上去进货,这一溜烟工夫,大家都来照顾我的生意啊,其他人都打着哈哈。

"唉,彪子看来一时半会儿出不来了,可惜了我 5000 元定金,郑大钱音像店开业在即,还得抓紧时间再搞一个金蟾,不能丢了份。"王二狗心里盘算着随即去准备了。

王二狗去郑大钱新店的路上,就听到噼里啪啦的鞭炮声,空气中弥漫着火药焦灼的味道。再临近,现场人山人海,有来庆祝开业的人,有看热闹的人,车与人交汇,鸣笛声不绝于耳。现场的豪车也让王二狗过足了眼瘾,心里泛起了羡慕嫉妒恨的涟漪。

店门口,郑大钱身穿深色西装,皮鞋锃亮,满面笑容地招呼宾客进店。见到王二狗,疾步上前,握住王二狗的手道:"王老弟,别来无恙啊。里面请!里面请!"王二狗满面笑容地递上礼品说:"郑老哥,这是小弟的一点心意,不成敬意,庆祝老哥开业大吉!"边说边打开礼盒方便郑大钱看清楚,盒子里面放的正是一尊金蟾。

"你能来已经很给老哥面子了,还带什么礼物,这像什么话!"郑大钱佯怒,假意推让。

"郑老哥,看不起小弟了,礼物哪有带回去的,你好好招呼客人,我先进店坐坐。"王二狗说完便进店欣赏了。

演义拆解

一、郑彪未经许可销售金银制品，涉嫌非法经营罪

《中华人民共和国金银管理条例》第9条规定，金银成品和半成品，必须按照有关规定加强管理，不得私自销售和处理。根据该规定，要想经营销售金银成品或半成品，必须拿到政府部门颁发的"经营许可证"，取得国家行政许可方可销售。

《刑法》第225条规定，违反国家规定，未经许可经营法律、行政法规规定的专营、专卖物品或者其他限制买卖的物品，扰乱市场秩序，情节严重的，处五年以下有期徒刑或者拘役，并处或者单处违法所得一倍以上五倍以下罚金；情节特别严重的，处五年以上有期徒刑，并处违法所得一倍以上五倍以下罚金或者没收财产。郑彪在没有取得国家行政许可的情况下，私下倒卖金银首饰，扰乱市场秩序，涉嫌非法经营罪，将会被依法追究刑事责任。

从程序上讲，公安机关对郑彪非法经营的犯罪事实侦查终结后，会将本案移送检察院审查起诉；检察院审查后认为达到起诉条件的，将向法院提起公诉；法院开庭审理后，根据犯罪情节的严重程度，依法作出判决。

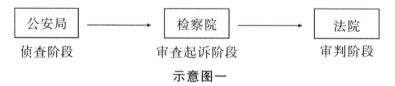

示意图一

二、王二狗购买金蟾不以经营为目的，故不构成犯罪

非法经营罪扰乱的是市场经济秩序，这就意味着该犯罪行为必须是以营利为目的，且是一种长期性、职业性的行为。王二狗购买金蟾是为了送礼而非再次销售，不以营利为目的，自然就不属于非法经营行为，因此王二狗作为买方,没有实施非法经营的行为,不构成非法经营罪。

示意图二

攻防招式

亢龙有悔,语出《周易·乾》:"上九,亢龙有悔。"意思是龙飞到了过高的地方,必将会遭受灾难。"降龙十八掌"之第一式,即亢龙有悔。

一条乘云升高的龙,它升到了最高亢、最极端的地方,四顾茫然,既无再上进的位置,又不能下降,它反而有些忧郁悔闷了。

该招式在合同攻防术中为"防"式,关键在一"悔"字,意思是要防止追悔莫及的事情发生。人在做任何事情时,如果没有经过深思熟虑,没有考虑最终的结局与后果,以及种种可能与变化,很可能会导致失败、悲剧甚至惨祸。在交易过程中,最让人追悔莫及的,莫过于交易触犯刑法,最终深陷囹圄。

2023年5月,北京师范大学中国企业家犯罪预防研究中心主任张远煌教授发布了《2023企业家刑事风险分析报告》(以下简称《报告》)。该报告显示,在2022年统计范围内的42个罪名中,共涉及1715个刑事案件,发生2038次犯罪行为,其中,国有企业共触犯148次、民营企业共触犯1794次。

民营企业家方面,2022年的十大高发罪名包括非法吸收公众存款罪、职务侵占罪、挪用资金罪、合同诈骗罪、拒不支付劳动报酬罪、集资诈骗罪、非国家工作人员受贿罪、串通投标罪、诈骗罪、重大责任事故罪。

这些罪名正好印证了一个坊间传言:最赚钱的路子都写在刑法里!

在交易之前,一定要有红线意识,一定要排除刑事法律风险。切莫利欲熏心,铤而走险,一失足成千古恨,造成亢龙有悔的悲剧。刑事法律风险防控是交易风险防控的重中之重,刑事法律风险是任何企业和个人都"不能承受之重",一旦触犯,其打击是毁灭性的。

该《报告》数据显示,民营企业家犯罪主要集中在"五大"高发环节:日常经营、融资、财务管理、产品生产和贸易,针对不同的环节,"亢龙有悔"攻防招式之实务操作建议如下。

一、日常经营环节

对国家禁止性、限制性的行业要有所了解,及时关注更新内容,经营专营、专卖的物品或从事需要批准的业务要确保已获得相关许可或批准。企业违反国家法律法规的禁止性、限制性规定,以营利为目的,从事相关经营活动,严重扰乱市场秩序的,可能涉嫌非法经营犯罪。一般来讲,以下行业必须取得国家行政许可方可经营:

①金融类:外汇、证券、银行、保险、期货、信托、基金等;

②网络通信类:网络游戏、网吧、经营类网络信息服务、国际国内电信业务等;

③新闻出版类:书籍、杂志、报刊、音像制品等;

④医疗类:药品、保健品、医疗器械等;

⑤交通运输类:客运、货运、水运等;

⑥建筑建设类:房地产开发、建筑设计、建筑勘查、物业管理等;

⑦其他重要物品:金银制品、珠宝、成品油、烟草、食盐、烟花爆竹等。

需要注意的是,涉及以上行业的,既要注意是否拥有资质、手续,也要注意资质、手续是否在有效期内。实务中常存在资质、手续过期后的继续经营行为,这也属于非法经营。

君子爱财,取之有道。企业经营要公平竞争,不可不择手段,通过非法的途径获取商业机会。在招投标活动中,投标者相互串通投标报价,损害招标人或者其他投标人利益,或者投标者与招标者串通投标,损害国家、集体、公民的合法权益,情节严重的行为可能构成串通投标罪。

作为招标人时,不得与投标人相互串通,不得以不合理的条件限制或者排斥潜在投标人,不得对潜在投标人歧视待遇,不得强制要求投标人组成联合体共同投标或者限制投标人之间竞争,不得与投标人就投标价格、投标方案等实质性内容进行谈判。

二、融资环节

融资不要采取公开化的方式向不特定的公众募集资金,募集资金达到一定的规模,扰乱国家金融秩序,将涉嫌非法吸收公众存款罪。资金是企业的血液,一个企业要获得发展,融资便不可避免,但违反国家金融管理法规非法吸收公众存款或变相吸收公众存款,扰乱金融秩序,将会涉嫌犯罪。

将贷款的资金用于正常的生产经营,把握借款用途的界限。以非法占有为目的,编造引进资金、项目等虚假理由,使用虚假的经济合同、使用虚假的证明文件、使用虚假的产权证明作担保、超出抵押物价值重复担保或者以其他方法诈骗银行或者其他金融机构的贷款,数额较大的,将涉嫌贷款诈骗罪。

三、财务管理环节

公司是独立的法人,公司的财产是公司的,不管是出资部分还是增资部分都是公司的财产,不是股东个人的财产。没有任何手续从公司拿钱,很容易触犯挪用资金罪、侵占罪等。要学会准确判断企业的财产和个人的财产的区别,并健全各项财务制度,让自己既能享受到企业发展给自己个人带来的财富增长又不至于因为盲目自大而触犯刑法。

日常交易中,开发票一定要有对应的合同,对应的出货单及物流信息,或者相关服务的证明,要坚持做到"四流合一":合同流,资金流,货物(服务)流,发票流一一对应,缺一不可,否则很容易被认定为虚开发票罪。

增值税发票由专人管理,保管在保险柜内,领用存设记录,未经批准不得携带、邮寄空白发票,发生被盗、丢失时,应及时上报主管机关。目前在增值税可以退税的情况下,很多企业在发票使用环节,存在着虚开、为他人虚开、非法抵扣等事项,这些行为有可能构成虚开增值税专用发票罪,以及虚开用于骗取出口退税、抵扣税款发票罪。有些企业铤而走险,甚至直接去购买增值税发票用于退税,有可能构成非法购买增值税专用发票罪、购买伪造的增值税专用发票罪,一旦涉案,将面临刑罚的严厉制裁。

四、产品生产环节

生产者、销售者在产品中掺杂、掺假,以假充真,以次充好或者以不合格产品冒充合格产品,达到一定数额,将涉嫌生产、销售伪劣产品罪。因此,一定要树立合法经营和诚信经营意识,按照相关规定开展生产、销售活动,不得生产、销售不符合产品质量标准的伪劣产品,扰乱市场监管秩序,侵害广大消费者的合法权益。

对于涉及产品质量的关键环节、重要岗位及人员可采取有效的监督措施,并通过责任全面落实到位。同时,应建立快速反应机制,一旦发现有伪劣产品出现,已经生产的产品停止销售,已经销售的立即召回,并积极配合有关部门开展调查处理。

五、贸易环节

订立合同时坚持诚信原则,不冒用他人名义,以真实主体签订合同,既不欺骗对方,也要防止被对方欺骗。实施虚构事实或者隐瞒真相等欺骗手段,骗取他人数额较大的财物并据为己有的,将涉嫌合同诈骗罪。

签订合同前,一定要谨慎从事。摸清对方的主体资格、隶属关系、注册资金、经营状况、履约能力等,核实对方提供的有关文件、材料等情况,然后再确定是否签订合同。排除因假合同、假身份、假货源等一系列问题引起的诈骗。

加强合同进度管理,随时关注对方的履行情况及现状,关注其是否正常履行合同、是否有能力继续履行合同以及履行过程中有无异样等,防止合同履行失控,减免损失发生。及时做出判断,涉嫌合同诈骗犯罪的,应及时向公安机关报案,有效防控合同诈骗事态的发生及发展,尽可能减少损失。

招式依据

交易活动中常见罪名及立案量刑标准

1. 虚开增值税专用发票罪

表1 虚开增值税专用发票罪涉案金额及量刑

触发条件("或者"关系,"二选一")		量刑
虚开的"税款数额"	造成国家税款损失数额	
10万元 ≤ X < 50万元	5万元 ≤ X < 30万元	3年以下有期徒刑或者拘役,并处2万—20万元罚金
50万元 ≤ X < 250万元	30万元 ≤ X < 150万元	3—10年有期徒刑,并处5万—50万元罚金
250万元以上	150万元以上	10年以上有期徒刑或者无期徒刑,并处5万—50万元罚金或者没收财产

法律规定：

《刑法》第205条 虚开增值税专用发票或者虚开用于骗取出口退税、抵扣税款的其他发票的，处三年以下有期徒刑或者拘役，并处二万元以上二十万元以下罚金；虚开的税款数额较大或者有其他严重情节的，处三年以上十年以下有期徒刑，并处五万元以上五十万元以下罚金；虚开的税款数额巨大或者有其他特别严重情节的，处十年以上有期徒刑或者无期徒刑，并处五万元以上五十万元以下罚金或者没收财产。

最高人民检察院、公安部《关于公安机关管辖的刑事案件立案追诉标准的规定（二）》（2022修订）第56条。

《最高人民法院关于虚开增值税专用发票定罪量刑标准有关问题的通知》法〔2018〕226号第2条。

2. 合同诈骗罪（以陕西省标准为例）

表2　合同诈骗罪涉案金额及量刑

触发条件（"或者"关系，"二选一"）		量刑
个人合同诈骗数额	单位合同诈骗数额	
2万元≤X<20万元	20万元≤X<200万元	拘役，并处1000元—3000元罚金；或3年以下有期徒刑，并处3000元—5万元罚金
20万元≤X<80万元	200万元≤X<800万元	3—10年有期徒刑，并处2万—20万元罚金
80万元以上	800万元以上	10年以上有期徒刑或者无期徒刑，并处5万—50万元罚金或者没收财产

法律规定：

《刑法》第224条【合同诈骗罪】有下列情形之一,以非法占有为目的,在签订、履行合同过程中,骗取对方当事人财物,数额较大的,处三年以下有期徒刑或者拘役,并处或者单处罚金;数额巨大或者有其他严重情节的,处三年以上十年以下有期徒刑,并处罚金;数额特别巨大或者有其他特别严重情节的,处十年以上有期徒刑或者无期徒刑,并处罚金或者没收财产:

(一)以虚构的单位或者冒用他人名义签订合同的;

(二)以伪造、变造、作废的票据或者其他虚假的产权证明作担保的;

(三)没有实际履行能力,以先履行小额合同或者部分履行合同的方法,诱骗对方当事人继续签订和履行合同的;

(四)收受对方当事人给付的货物、货款、预付款或者担保财产后逃匿的;

(五)以其他方法骗取对方当事人财物的。

最高人民检察院、公安部《关于公安机关管辖的刑事案件立案追诉标准的规定(二)》(2022修订)第69条。

《陕西省高级人民法院陕西省人民检察院〈关于常见犯罪的量刑指导意见(试行)〉实施细则》陕高法发〔2023〕1号第6条。

3.行贿罪(根据《刑法修正案(十二)》2024年3月1日施行)

表3　行贿罪涉案金额及量刑

触发条件("或者"关系,"二选一")		量刑
行贿数额	行贿数额+具有以下情形之一的("并列"关系)	
3万元≤X<100万元	1万元≤X<3万元	向三人以上行贿的;将违法所得用于行贿的;通过行贿谋取职务提拔、调整的;	3年以下有期徒刑或拘役
100万元≤X<500万元	50万元≤X<100万元	向负有食品、药品、安全生产、环境保护等监督管理职责的国家工作人员行贿,实施非法活动的;	3年—10年有期徒刑
500万以上	250万元≤X<500万元	向司法工作人员行贿,影响司法公正的	10年以上有期徒刑、无期徒刑

法律规定:

《刑法》第390条【行贿罪的处罚规定】对犯行贿罪的,处三年以下有期徒刑或者拘役,并处罚金;因行贿谋取不正当利益,情节严重的,或者使国家利益遭受重大损失的,处三年以上十年以下有期徒刑,并处罚金;情节特别严重的,或者使国家利益遭受特别重大损失的,处十年以上有期徒刑或者无期徒刑,并处罚金或者没收财产。

《最高人民法院、最高人民检察院关于办理贪污贿赂刑事案件适用法律若干问题的解释》(2016实施)第7条、第8条、第9条。

4. 职务侵占罪

表4　职务侵占罪涉案金额及量刑

触发条件(侵占金额)	量刑
3万元 ≤ X < 100万元	3年以下有期徒刑或拘役
100万元 ≤ X < 1500万元	3年—10年有期徒刑
X ≥ 1500万元	10年以上有期徒刑、无期徒刑

法律规定:

《刑法》【职务侵占罪】第271条第1款　公司、企业或者其他单位的工作人员,利用职务上的便利,将本单位财物非法占为己有,数额较大的,处三年以下有期徒刑或者拘役,并处罚金;数额巨大的,处三年以上十年以下有期徒刑,并处罚金;数额特别巨大的,处十年以上有期徒刑或者无期徒刑,并处罚金。

最高人民检察院、公安部《关于公安机关管辖的刑事案件立案追诉标准的规定(二)》(2022修订)第76条。

《最高人民法院、最高人民检察院关于办理贪污贿赂刑事案件适用法律若干问题的解释》(2016实施)第11条。

5. 挪用资金罪

表5　挪用资金罪涉案金额及量刑

触发条件("或者"关系,"三选一")			量刑
用于个人使用或借贷给他人	用于营利活动	用于非法活动	
5万元 ≤ X < 500万元,超过3个月未还	5万元 ≤ X < 500万元	3万元 ≤ X < 300万元	3年以下有期徒刑
500万元以上,超过3个月未还	500万以上	300万以上	3年—7年有期徒刑

法律规定：

《刑法》第272条【挪用资金罪】公司、企业或者其他单位的工作人员,利用职务上的便利,挪用本单位资金归个人使用或者借贷给他人,数额较大、超过三个月未还的,或者虽未超过三个月,但数额较大、进行营利活动的,或者进行非法活动的,处三年以下有期徒刑或者拘役;挪用本单位资金数额巨大的,处三年以上七年以下有期徒刑;数额特别巨大的,处七年以上有期徒刑。

最高人民检察院、公安部《关于公安机关管辖的刑事案件立案追诉标准的规定(二)》(2022修订)第77条。

《最高人民法院、最高人民检察院关于办理贪污贿赂刑事案件适用法律若干问题的解释》(2016实施)第5条、第6条。

第二式
竹篮打水：保安全，防无效

招式要诀

保安全，防无效，是指在签订合同之前，要重点审查合同效力，排除合同无效的情形，合同无效是较严重的法律后果之一，合同无效，也就自始无效，即该合同自始就没有法律约束力。

商道演义

**第二回　郑小丹邀约舞台剧
　　　　　王二狗细听解说词**

郑大钱的开业典礼临近尾声，宾主尽欢，唯王二狗不胜酒力，竟然醉酒酣睡在桌上。

郑大钱将宾客一一妥帖送别后，扶着王二狗坐上他的座驾，送他回家。车行驶半小时后，王二狗睡眼惺忪地问："这是哪儿啊？"

"二狗老弟，还认识我不？"郑大钱一边说一边递给王二狗一瓶水。王二狗这才明白是郑大钱送他回家，赶忙道："郑老哥，真给你添麻烦了，还让你专程送我回家,实在对不住,对不住。"王二狗满脸歉意。

"诶,老弟哪里的话。"郑大钱笑道。

王二狗此时酒已经醒了一大半,轻抬眼观察车内,中控台被两块大屏占据,前排环抱式交互的灯带营造着氛围感,中控台用黑色皮质包裹,优美的线条流畅细腻。这时二狗看到中控台上放着几张票,随手拿起来,"威尼斯商人,郑老哥,你还喜欢看这玩意儿?"

"你再看看演员是谁?"

"安东尼奥——马田,夏洛克——李丁,鲍西娅——郑小丹。诶,老哥,郑小丹莫不是咱家闺女?"王二狗略带疑问看向郑大钱。

"正是我家丫头,今年大四了,学的法律,她的梦想就是做一名律师,所以在这个话剧里就饰演了一名女律师,这次专门让我去欣赏她的演出,我送你回去后,就去学校看演出。"郑大钱脸上露出得意的神情。

"今晚演出啊?把我也带上呗,让我也开开眼。"王二狗酒醒了一大半,兴奋地说。

郑大钱自然不会拒绝,闲聊着,车子就来到学校的演艺厅门口,两人相继下了车,傍晚的凉风徐徐吹过,让人感到惬意。

距表演开始还有一段时间,王二狗掏出烟,先给郑大钱点上,再给自己点上,倚着栏杆,边抽边问道:"郑老哥,你博学多才,你给我讲讲咱姑娘演的是个啥?"

郑大钱深吸两口烟道:"你还别说,我以前也不知道,小丹给我说了个大概,我还专门在手机上搜索了一下,才知道讲的是黑社会放高利贷的故事。"

"郑老哥,别卖关子了,还吊人胃口。"王二狗催促道。

郑大钱哈哈一笑,继续道:"在威尼斯,有一个专门放高利贷的黑社会头目,叫夏洛克,这个人是犹太人;还有一个人叫安东尼奥,当地土著,这两人是两股势力,相互对抗。安总给别人借钱从不收利息,这就影响了夏总的放贷生意,夏总因种族问题被人歧视,所以对安总怀恨在心,总想有朝一日报仇雪恨。有一次,安总的钱被套牢了,没有流动资金,正巧好友来借款,安总就硬着头皮找夏总借钱转借。夏总眼看到手的机会来了,要求安总出具借条,借条中心意思是:借款必须如期如数归还,否则,将切下安总身上的一磅肉!所谓一分钱难倒英雄汉呐,安总自诩自己的资金到期肯定解套,不存在逾期还款的可能,就签字确认了。屋漏偏逢连夜雨,安总的商船遇上了海难,还钱无望。夏总总算逮着了机会,一纸诉状把安总告上了法庭,要求割肉还债,不要金钱……"

郑大钱正说着,突然被一个扎着马尾辫的女孩子从背后捂住了眼睛,只听女孩子故意粗声粗气地说:"猜猜我是谁?"

郑大钱假装猜不出,站在原地不动,嘴角已经咧到了耳根子。

王二狗已经猜出了女孩子的身份,说道:"小丹,你爸刚刚还念叨你呢,出落得越来越漂亮了,你这丫头片子,真是你爸的心头肉啊!"

郑大钱嗔女孩子:"小丹,没礼貌,快叫哥哥。"

郑大钱跟王二狗称兄道弟,按道理,郑小丹应该叫王二狗叔叔才对,只因王二狗这个人经常嘻嘻哈哈不分场合地跟人打趣,于是大家就不论辈分只论年龄了,只要是比王二狗年龄小的,都管他叫狗哥哥。

"哥哥好。"郑小丹脆甜的声音响起,随即悄悄拉着郑大钱的胳膊撒娇:"老郑,我让你一个人来,你怎么还叫了朋友啊!人家多不好意思。"郑小丹边说边噘起小嘴表示不满。

不等郑大钱开口,王二狗抢先说道:"小妮子,怎么?不欢迎狗哥哥啊?是我死皮赖脸地缠着郑老哥要来的!正好,我问你一个专业问题,法律上有割肉还债的规定吗?"

"有啊,《汉穆拉比法典》里就有以眼还眼、以牙还牙的规定,原始社会里还有同态复仇的习俗呢,在古代,这种粗暴的法律多了去了。不过,现在我们进入了文明社会,不再以牙还牙了。"郑小丹歪着脑袋,闪着大眼睛道。

王二狗边点头边说:"哦,这样啊,今天算是长见识了。哦,对了,那最后安总身上的肉被割了吗?割哪儿了?"

郑小丹调侃:"狗哥哥,没想到你这么好学。好吧,我就剧透给你吧。借条上写的是在心口割下一磅肉,不过,我作为聪明伶俐的鲍西亚律师,等会儿会在舞台上为安东尼奥辩护:'Antonio has promised to give you a pound of his flesh. But he has not promised to give you any of his blood. If you let one drop of his blood fall, you will lose all your land and all your money。'"

王二狗听到郑小丹叽里咕噜一顿输出,根本不知是什么意思,连忙双掌合十,做叩头状,一连拜了五六下,求饶道:"快饶了我吧,你这叽里呱啦一顿,我脑仁都疼了,快用汉语给我翻译下。"

郑小丹道:"今天的话剧是纯英文的,不过舞台有中文字幕,狗哥哥等会儿观看演出的时候就知道了,现在我就不剧透了,我不跟你们闲聊了,赶紧去准备演出了,我们等会儿舞台见哦。"

郑小丹说话间,跳着跑远了,王二狗看着郑小丹远去的背影,产生一丝异样的感觉。

等到郑小丹出场时,王二狗紧盯着舞台屏幕,终于明白了那段英文的意思,原来那段英文的意思是:"安东尼奥许诺给你他身上的一磅肉。但是他并没有答应给你他身上的任何一滴血。要是你让他身上的血流下一滴,你将失去你所有的土地和财产。"

好聪明的郑小丹啊,哦,不,好聪明的鲍西亚,反正都一样,两个人都漂亮聪明。

演义拆解

且不说威尼斯当时的法律是怎么规定的,我们用现行的中国法律来分析一下《威尼斯商人》这个故事,这个故事有两层法律关系:

其一,出借人夏总与借款人安总之间的借款合同法律关系。

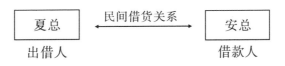

示意图三

其二,夏总与安总之间关于借款的担保合同关系,担保物为安总身上的"一磅肉"。

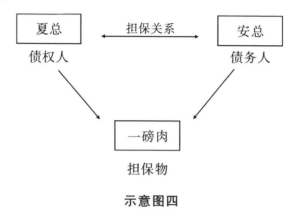

示意图四

一、关于借款合同关系,借款合同成立并生效,本金支持,利息不支持

《民法典》第679条规定,自然人之间的借款合同,自贷款人提供借款时成立。安总与夏总均系自然人,且夏总向安总实际支付了借款,双方借款不违反法律法规的强制性规定,借款合同成立,应为合法有效。

关于借款本金,《民法典》第675条规定,借款人应当按照约定的期限返还借款。因安总逾期还款,夏总可依法请求法院判令安总返还本金,夏总的诉请有事实和法律依据,依法应予支持。

关于利息部分,《最高人民法院关于审理民间借贷案件适用法律若干问题的规定》第24条规定,借贷双方没有约定利息,出借人主张支付利息的,人民法院不予支持。安总和夏总达成借款合同时,未约定借款利息,故关于利息部分,依法不应支持。

二、关于担保合同关系,双方达成的"割一磅肉"的担保约定无效

《民法典》第153条规定,违背公序良俗的民事法律行为无效。夏总要求安总以自己身上一磅肉为其借款做担保,但是割一磅肉会对安总的身体造成损害,该约定违背了公共秩序和善良风俗,应为无效约定。即便是安总承诺在先,承诺对割一磅肉的行为夏总不承担任何责任,该承诺亦为无效承诺,因为《民法典》第506条规定,合同中约定造成对方人身损害不承担责任的"免责条款"是无效约定。

攻防招式

竹篮打水,语出唐·寒山《诗》:"我见瞒人汉,如篮盛水走,一气将归家,篮里何曾有?"比喻白费气力,没有效果,劳而无功。

该招式在合同攻防术中为"防"式,意思是在签合同时要避免合同无效的法律风险,只有有效的合同才完全受法律的保护。

如果当事人订立的合同,最终被确定为无效合同,不仅无法实现交易目的,还要因合同效力存在瑕疵承担相应的法律责任。既可能竹篮打水一场空,还可能赔了夫人又折兵。

根据《民法典》及《民法典合同编通则解释》的规定,合同无效的后果如下:

①返还财产,既包括标的物占有的返还,也包括不动产登记簿册的更正等。

②在财产不能返还或者没有必要返还时,应当以认定合同无效之日该财产的市场价值或者以其他合理方式计算的价值为基准折价补偿。

③关于损失问题,如果有财产增值收益和贬值损失、交易成本的支出等事实,按照双方的过错程度及原因力大小,根据诚信原则和公平原则,合理确定损失赔偿额。

④关于资金占用费问题,如果占有资金一方对合同无效有过错,应当按照中国人民银行授权全国银行间同业拆借中心公布的一年期贷款市场报价利率(LPR)计算;如果占用资金一方对于合同无效没有过错,则应当以中国人民银行公布的同期同类存款基准利率计算。

⑤需要说明的是,合同无效不影响合同中有关解决争议条款的效力。

认识到合同无效的法律后果,就知道了审查合同效力的重要性。合同无效,有"整个合同"无效和"单个条款"无效两种情形。

"整个合同"无效,是指合同约定的权利义务全部无效,但是合同中关于解决争议的条款是有效的,因为合同无效后,要根据解决争议的条款定分止争。"单个条款"无效,是指合同中的某一个条款无效,该条款无效不影响其他条款的效力。因此识别合同无效的情形显得至关重要。

一、"整个合同"无效的五种情形

1. 无民事行为能力人订立的合同无效

无民事行为能力人是指:

①不满8周岁的未成年人;

②不能辨认自己行为的成年人;

③不能辨认自己行为的8周岁以上的未成年人。

无民事行为能力人实施的民事法律行为一律无效,没有例外。所谓"不能辨认"自己行为,指因智力、精神健康等原因所致,如果是因醉酒导致不能辨认自己行为的,不在该范围之内,不得以此为由主张行为无效。

2. 通谋虚伪表示订立的合同无效

虚假意思表示,是指合同双方不按照行为本意签订合同,不进行诚实的民事行为,采取虚假的意思表示来掩盖真实目的。为了维护社会正常的交易规则和秩序,虚假意思表示的民事行为不应当被社会所认可,应当认定为无效。

虚假表示的合同因为意思表示不真实而无效,隐藏的合同是否生效应结合隐藏的事实和法律的既有规定去分析,如果隐藏的合同有效,则按照真实合同的权利义务厘定各方责任,如果隐藏的合同无效,则按照法律对于无效合同的后果认定缔约过失责任。

比如说,在挂靠施工的情况下,发包人明知施工企业存在挂靠的情况下,仍然与被挂靠的施工企业签订建设工程施工合同,该合同因虚假意思表示而无效。再比如在执行案件中,有的被执行人为了逃避债务,与亲戚朋友合谋,把自己的房屋过户给亲戚朋友,以达到防止房屋被执行的目的,这种房屋买卖合同就是虚假的意思表示,以买卖房屋的表象形式掩盖逃避债务的真实目的,这种合同就是无效的合同。

3. 违反法律、行政法规的强制性规定的合同无效

《民法典》第153条第1款规定:"违反法律、行政法规的强制性规定的民事法律行为无效。但是,该强制性规定不导致该民事法律行为无效的除外。"

该法条前半句话"违反法律、行政法规的强制性规定的民事法律行为无效"很好理解。例如,无资质的个人挂靠有资质的建筑企业承揽工程,双方之间的挂靠合同因违反法律的禁止性规定而无效。但后半句话就不好理解了,"该强制性规定不导致该民事法律行为无效的除外",意思是并非违反了所有法律、行政法规强制性规定的合同均无效,还有例外的情况。

那么,违反强制性规定哪些情形下导致合同无效,哪些情形下合同仍然有效,这是一直困扰司法实践的疑难问题。因为在有的场合,合同有效还是无效,是裁判者根据一定的因素综合进行分析的结果,而不是其作出判决的原因。

根据《民法典合同编通则解释》第16条的规定,违法无效认定的核心,是看所违反的强制规定的立法目的是否能够实现,如果通过行为人承担行政责任或者刑事责任能够实现强制性规定的立法目的,不应认定合同无效。具体来讲,有下列情形之一,合同内容虽然违反强制性规定,但仍然应认定该合同有效:

①强制性规定虽然旨在维护社会公共秩序,但是合同的实际履行对社会公共秩序造成的影响显著轻微,认定合同无效将导致案件处理结果有失公平公正;

②强制性规定旨在维护政府的税收、土地出让金等国家利益或者其他民事主体的合法利益而非合同当事人的民事权益,认定合同有效不会影响该规范目的的实现;

③强制性规定旨在要求当事人一方加强风险控制、内部管理等,对方无能力或者无义务审查合同是否违反强制性规定,认定合同无效将使其承担不利后果;

④当事人一方虽然在订立合同时违反强制性规定,但是在合同订立后其已经具备补正违反强制性规定的条件却违背诚信原则不予补正。

之所以称"违反强制性规定合同的效力"为世界性难题,是因为其评判标准无法形成统一的范式,需要结合个案做出利益衡量,而这不仅需要高超的法学素养,还需要有利益取舍担当!

4. 违背公序良俗的合同无效

所谓公序良俗,是指公共秩序、善良风俗。合同虽然不违反法律、行政法规的强制性规定,但是如果合同影响政治安全、经济安全、军事安全等国家安全,或者影响社会稳定、公平竞争秩序或者损害社会公共利益等违背社会公共秩序,或者背离社会公德、家庭伦理或者有损人格尊严等违背善良风俗,也应当认定为无效。

在认定合同是否违背公序良俗时,法院会以社会主义核心价值观为导向,综合考虑当事人的主观动机和交易目的、政府部门的监管强度、一定期限内当事人从事类似交易的频次、行为的社会后果等因素。当事人确因生活需要进行交易,未给社会公共秩序造成重大影响,且不影响国家安全,也不违背公序良俗的,法院不会认定合同无效。

比如夫妻一方赠与婚外同居者的行为就属于无效行为。我们都知道,夫妻应当互相忠诚、互相尊重,夫妻一方婚内出轨是对另一方配偶的不忠,也是对社会道德底线的冲击和对社会公共秩序的挑战。夫妻一方未经配偶同意,擅自处分夫妻共同财产,并将共同财产赠与婚外同居者的行为不仅侵犯了另一方的合法财产权益,也违背了夫妻之间的忠实义务和社会的公序良俗,另一方可以侵犯共有财产权为由请求婚外同居者返还所有赠与财产。

5. 恶意串通损害他人合法权益的合同无效

恶意串通,是指合同双方相互勾结,为谋取一方或者双方私利,进而实施的侵害第三人的民事行为。此情形下,恶意串通的双方对侵害的事实是明知的且放任的。

恶意串通损害他人利益的行为,在一房二卖的案件中比较常见,比如：甲将一套房屋以200万出卖给乙，没办理过户登记。此后，房价猛涨，甲又将该房屋以220万卖给丙（丙对甲、乙间的买卖知情），则甲与丙之间存在恶意串通、损害乙方合法权益的情形，甲丙之间的买卖合同无效。

二、"单个条款"无效的具体情形

"单个条款"无效，只是合同的部分无效，其他部分仍然有效。"单个条款"无效的情形有很多，在此列举一些常见的情形：

①在格式合同中，提供格式条款的一方，在合同里故意加重对方承担的责任，或者写轻自己的责任，甚至自己不担责任；或者对方本来有可以说"不"的权利，但是提供合同的一方对该权利表示禁止，这些条款都是无效的。如购物时店家的陈述："本店商品一律不予退换""打折商品不退不换""奖品、赠品一律不实行三包"或"请保管好自己的物品，谨防被盗，丢失本店概不负责"等。

②在合同中约定，造成对方人身损害免责的条款无效，如"在场地使用过程中，如有人身伤害，本公司不负责任"。

③在合同中约定，因故意或者重大过失造成对方财产损失免责的条款无效。

④租赁期限超过二十年的，超过部分无效。

招式依据

《民法典》关于合同无效的规定

第一百四十四条　无民事行为能力人实施的民事法律行为无效。

第一百四十六条　行为人与相对人以虚假的意思表示实施的民事法

律行为无效。以虚假的意思表示隐藏的民事法律行为的效力,依照有关法律规定处理。

第一百五十三条 违反法律、行政法规的强制性规定的民事法律行为无效。但是,该强制性规定不导致该民事法律行为无效的除外。

违背公序良俗的民事法律行为无效。

第一百五十四条 行为人与相对人恶意串通,损害他人合法权益的民事法律行为无效。

第三式
掘地三尺：查主体，明底细

招式要诀

查主体，明底细，是指在交易之前，要对交易相对方的履约能力和主体资格进行深度的调查了解，调查的手段可以借助大数据信息，但最重要的方式是现场走访，正面接触。

商道演义

**第三回　炒货厂欠款欲倒闭
　　　　　王二狗胜诉却失业**

"嗡——嗡——"王二狗看完话剧，歪在床上眯了一会，就被电话声吵醒了，迷糊地拿起电话说道："喂，你好？"

"狗哥，不好了，炒货厂的马总跑了，欠了咱们30多万货款呢！"瓜子铺店员焦躁的声音从听筒里传来。

"什么，小李，你确定不？"

"哎呀，狗哥，千真万确，已经失联了。"

"这龟孙子,你赶紧给我订票,我连夜赶过去。"王二狗顿时惊惧,没了睡意,一骨碌爬下床。边下床边给炒货厂的马总打电话,听筒里传来熟悉的女声:"您拨打的电话无人接听,请稍后再拨,对不起……"王二狗气急败坏地拨打了一遍又一遍。

炒货厂的马总是王二狗的老客户,常年从瓜子铺进货,回款一直很及时,王二狗将这个老客户视为上帝,基本上有求必应。这次拉货时,客户说十日内一定付清全款,王二狗本想让他支付一部分预付款,但又想着是老客户,话到嘴边又咽了回去,就这样客户把30多万的货白白拉走了。

王二狗在高铁上祷告,乞求上苍保佑自己,但愿炒货厂的马总没有跑路,一切只是虚惊一场。

到炒货厂门口,王二狗就傻眼了,炒货厂原住址的大门上已经张贴公告,上面写着"对外转让",王二狗一下子泄了气。

王二狗到处找马总，岂不知马总早没了音讯，怒火攻心，王二狗拿出"送货单"与看门的大爷理论，看门的大爷对王二狗说："你找谁啊，你那单子连个红章子都没有，谁知道你是不是骗人的？"

王二狗怒目圆睁："货都拉完了，现在还想白拿不成？还不认账了？"王二狗嘴上不饶人，心里却开始发怵，因为是老顾客，每次都是电话、微信沟通，从来没有签订过书面合同，送货单都是随便一写走个流程。

这时，王二狗刚好瞥见一个熟悉的身影，原来是炒货厂的老员工。这人跟马总是亲戚，以前老跟王二狗对接业务。

王二狗一个箭步冲上去，抓住老员工衣领，喊道："你们老板呢，让他出来！"老员工同样气急败坏地回吼："我还想找他呢，这鳖孙借我钱跑了，赌博输了钱把瓜子厂都抵债了，这都是我的血汗钱啊！"

"炒货厂的章子谁拿着呢？"

"在厂子扔着，你要你拿去。"

王二狗拽着老员工的领子硬是拖到厂里，让他在"送货单"上加盖了公章。

为了守株待兔，王二狗在炒货厂的沙发上连睡了三天，最终也没有看到马总的身影。事情没有任何结果，王二狗悻悻然回去了。

回家后，王二狗想起了学法律的郑小丹，最终在郑小丹的帮助下起诉了炒货厂，拿到了胜诉判决书，但执行的时候发现，炒货厂涉诉执行案件太多，已经被列入失信被执行人，没有资产可供执行。

王二狗本就小本生意，经此一劫，资金周转困难，没几天就关门大吉，变成了无业游民，整日失魂落魄地游走在大街上。突然有人从背后拍了一下，王二狗猛一回头，原来是老熟人。

演义拆解

一、王二狗凭经验进行交易,在最后一笔交易前没关注对方的履约能力导致生意失败

从交易法律风险的角度讲,对方是否有履约能力是交易成败的核心,因为即便是合同文本签订得再完善,条款设置得再精细,如果对方没有履约能力,或者压根就不想履约,我们签订合同的目的将无法实现。因此不论双方是否进行过交易,都要时刻关注对方履约能力的变化。王二狗之所以惨败,是因为其凭经验进行交易,在最后一批30多万元交易前没关注对方的履约能力,导致生意失败。

示意图五

二、炒货厂的履约能力出现问题后,王二狗应及时采取措施把风险降到最低

在发现炒货厂资不抵债时,王二狗应当尽可能多地采取保全货款的措施,但王二狗缺乏法律经验,没有采取积极有效的措施,而是在送货单上加盖了炒货厂的印章,把责任主体落实到了炒货厂身上,炒货厂本就没有履约能力,直接导致其货款无法保障。

从有利于回款的角度讲,王二狗发现对方履约存在风险时,应当立即采取如下措施,或可挽回败局:

①如果瓜子还在仓库,王二狗可以与炒货厂协商,将瓜子拉回,减少损失。

②让炒货厂股东打欠条或作为保证人担保货款,增加责任承担主体。

③调查了解炒货厂的债务人，与债务人和炒货厂三方协商，将炒货厂的应收债权转让予自己（王二狗），由自己代为收款。

④调查炒货厂资产情况，包括债权债务等，及时向法院申请诉前、诉中财产保全，查封、扣押、冻结炒货厂资产。

一次不慎的交易，直接断送了王二狗的生意，可见选择"靠谱"的交易对象的重要性。我们在交易时，应遵循独立、客观精神，特别注重调查对方的主体资格及履约能力，勿要轻信对方的"一番吹嘘"或所谓的"证明""文件"而贸然订立合同。

攻防招式

掘地三尺，出自西晋·张华《博物志》，书中称："三尺以上为粪，三尺以下为地。"古人认为地面上三尺为泥土，所以掘地三尺意为把地面上三尺的泥土都掘开，直到地底。形容寻找某物的范围甚广，寻找得十分细致，找遍所有地方。

该招式在合同攻防术中为"攻"式，意思是要对交易相对方的履约能力和主体资格进行深度的调查了解。

签订合同前，我们一定要调查清楚合同相对方的背景，换句话讲，即使合同内容非常完善严谨，如果合同相对方的背景不清楚，很可能为合同的履行埋下隐患。就像结婚一样，婚前一定要考察对方的品行、家庭情况、资产状况等背景，考察得越详细越好，哪怕掘地三尺。

"掘地三尺"其实并不难也不复杂，少些浮躁多些沉稳，少些信任多些谨慎，即可防范风险，正所谓"小心驶得万年船"。

合同攻防术之"掘地三尺"，可以帮助我们查清交易伙伴的底细，为交易决策提供参考和帮助。

一、调查合同相对方的履约能力

合同主体的履约能力调查是在合同审查中非常重要的一个环节,履约能力主要是指履行合同的实际能力,包含支付能力和生产能力。

支付能力,主要审查对方当事人的注册资本、资金来源、银行存款、付款能力等情况;生产能力,主要审查对方当事人的生产规模、技术水平、产品质量、交货能力等情况。

审查履约能力的目的是提高合同的真实性和可行性。履约能力调查的途径有很多种,官方的途径包括以下三点。

1. 征信调查

(1)中国人民银行征信中心:http://www.pbccrc.org.cn

可查询企业和自然人的征信信息。但鉴于征信系统外部人员不可代查,因此需要由对方在征信中心网站上自行申请后提交对应的征信报告。

(2)信用中国:http://www.creditchina.gov.cn

信用中国为官方信用查询系统,该系统可以查询到失信被执行人信息、企业经营异常信息、重大税收违法案件当事人名单、政府采购失信名单。

2. 主体资格调查

(1)国家企业信用信息公示系统:http://www.gsxt.gov.cn

该网站提供全国企业、农民专业合作社、个体工商户等市场主体信用信息的公示和查询服务。网站公示的信息来自市场监督管理部门、其他政府部门及市场主体,政府部门和市场主体分别对其公示信息的真实性负责,权威性极高。但鉴于网站有时会卡,故替代网站有企查查、天眼查、启信宝等。

(2)巨潮资讯网:http://www.cninfo.com.cn

巨潮资讯网是中国证监会指定信息披露网站。是国内唯一具备主板上市公司、中小企业板上市公司、创业板法定信息披露业务资质的信息披露网站。同时巨潮资讯网作为多层次资本市场信息披露平台,还可披露代办股份转让系统挂牌公司、中关村园区非上市股份报价转让系统挂牌公司、产权市场等多层次资本市场信息。

3.涉诉案件调查

最高人民法院:http://www.court.gov.cn

最高人民法院网除了是最高人民法院直接对外宣传的窗口外,其下属中国裁判文书网、中国执行信息公开网是诉讼情况查询的必备网站,这些网站在最高人民法院网都可以找到入口。

(1)最高人民法院"中国裁判文书网"(全国法院裁判文书库)

2014年1月1日,《最高人民法院关于人民法院在互联网公布裁判文书的规定》正式实施。该司法解释明确最高法在互联网设立中国裁判文书网,统一公布各级人民法院的生效裁判文书。裁判文书网是最高人民法院公布的官方查询平台,可供企业、自然人诉讼情况。鉴于该网站经常卡顿,对此也推荐几个替代的案件检索网站:威科先行、无讼案例、聚法案例等。

2024年1月起,裁判文书网将转为全国法院裁判文书库,支持全国法院干警在四级法院专网查询检索裁判文书,有条件的人员可以查询。

(2)最高人民法院"中国执行信息公开网"

可在线查询全国法院失信被执行人、限制消费人员、被执行人信息等。

二、审查合同相对方的主体资格[①]

根据《民法典》的相关规定,合同主体可分为自然人、法人、法人的分支机构、经登记的非法人组织等,不同的合同主体有不同的资格要求,分述如下。

1. 自然人

自然人,即生物学意义上的人,是基于出生而取得民事主体资格的人。《民法典》根据一个人是否具有正常的认识、判断能力以及丧失这种能力的程度,把自然人分为完全民事行为能力人、无民事行为能力人和限制民事行为能力人,在签订合同时,应根据不同的主体区分处理。

(1) 可以签

以下人员为具有完全缔约能力的人,可以作为签订合同的主体:

①18周岁以上,能完全辨认自己行为的成年人。

②16—18周岁,以自己的劳动收入为主要生活来源,能完全辨认自己行为的未成年人。

(2) 谨慎签

8—18周岁没有劳动收入的未成年人,或不能完全辨认自己行为的成年人。该部分人是限制民事行为能力人,可以独立实施纯获利益的民事法律行为或者与其年龄、智力相适应的民事法律行为,其他民事活动由他的法定代理人代理,或者经其法定代理人的同意、追认。

(3) 不要签

不满8周岁的未成年人,或不能辨认自己行为的自然人。该部分人

[①] 改编自"明伦苏州"公众号2022年04月06日王玲律师的文章《企业合同合规:合同主体中暗藏这些玄机,你知道吗?》。

是无民事行为能力人,由他的法定代理人代理民事活动。该类主体不具备行为能力,单独签订的合同是无效的。

合同对象是自然人的,在合同签订前,一定要注意收集对方的身份证复印件、户籍地址、经常居住地址、联系方式等,如果无法获取对方的身份证复印件,至少应该掌握对方的居民身份证号码,因为这涉及后期能否起诉和法院管辖的问题。

2. 法人

法人不是人,是一种社会组织,是法律上的拟制人。虽然在现实生活中不是人,但是在法律上和自然人同样是法律关系的主体。法人是具有民事权利能力和民事行为能力,依法独立享有民事权利和承担民事义务的组织。

(1)可以签

法人机构通常包括营利法人机构与非营利法人机构。营利法人即我们最常见的有限责任公司、股份有限公司等,营利法人作为合同签订主体一般是合法有效的。

非营利法人主要包括事业单位、社会团体、基金会、社会服务机构等。一般情况下,非营利法人是可以作为合同签订的主体,但要注意保证合同中例外,即《民法典》第683条所规定的"机关法人不得为保证人,但是经国务院批准为使用外国政府或者国际经济组织贷款进行转贷的除外。以公益为目的的非营利法人、非法人组织不得为保证人"。

(2)谨慎签

①被列入"经营异常名录""严重违法企业名单"以及"失信被执行人名单"的企业。该类企业本身并未丧失缔结合同的主体资格,但决定

是否与其签订合同时应非常谨慎,因为后续还会有其他风险。

②被吊销营业执照的企业。被吊销营业执照的企业签订合同主体地位目前尚有争议,建议最好不要与这一类企业订立合同。

(3)不要签

被注销的企业签订合同的主体随着注销而消灭,因此,千万不要与这一类企业订立合同。

合同相对方是法人的,在合同签订前,一定要注意收集对方的统一社会信用代码证、资质许可证、行政许可证、授权委托书、委托代理人职务及身份证复印件等。

3. 法人的分支机构

法人的分支机构分为有营业执照的分支机构和无营业执照的分支机构。

有营业执照的分支机构,如常见的分公司,依法登记成立的分公司是具备签订合同的资质的,这一类公司可以与其签订合同。

无营业执照的分支机构,如办事处、营业部等,与此类机构签订合同有较大风险。因为其本质上不具备签订合同的主体资格,只有在得到法人的授权、确认或追认后合同才是有效的,因此不建议与这一类分支机构签订合同。如果一定要签订,建议审核总公司对该分支机构的授权材料,包括授权的范围、是否有总公司的盖章等。

4. 经登记的非法人组织

非法人组织主要包括个人独资企业、合伙企业及个体工商户。这三类主体正常情况下均具有签订合同的资格。

个体工商户是指在法律允许的范围内,依法经核准登记,从事工商经营活动的自然人或者家庭。个体工商户是我国特殊的民事主体,在司法实践当中"个体工商户"作为"自然人"的特殊形态存在。与个体工商户签约时,如果存在工商登记的经营者与实际经营负责人不一致的情况,建议最好把实际经营者也作为合同主体列明,以便后续要求实际经营者承担责任。

招式依据

《民法典》关于自然人主体资格的规定

第十七条 十八周岁以上的自然人为成年人。不满十八周岁的自然人为未成年人。

第十八条 成年人为完全民事行为能力人,可以独立实施民事法律行为。

十六周岁以上的未成年人,以自己的劳动收入为主要生活来源的,视为完全民事行为能力人。

第十九条 八周岁以上的未成年人为限制民事行为能力人,实施民事法律行为由其法定代理人代理或者经其法定代理人同意、追认;但是,可以独立实施纯获利益的民事法律行为或者与其年龄、智力相适应的民事法律行为。

第二十条 不满八周岁的未成年人为无民事行为能力人,由其法定代理人代理实施民事法律行为。

第二十一条 不能辨认自己行为的成年人为无民事行为能力人,由其法定代理人代理实施民事法律行为。

八周岁以上的未成年人不能辨认自己行为的,适用前款规定。

第二十二条　不能完全辨认自己行为的成年人为限制民事行为能力人,实施民事法律行为由其法定代理人代理或者经其法定代理人同意、追认;但是,可以独立实施纯获利益的民事法律行为或者与其智力、精神健康状况相适应的民事法律行为。

第二十三条　无民事行为能力人、限制民事行为能力人的监护人是其法定代理人。

第四式
以假乱真：假磋商，要担责

招式要诀

假磋商，要担责，是指在合同磋商阶段，合同当事人依诚实信用原则负有的协助、通知、告知、保护、照管、保密、忠实等义务，如一方违背诚实信用原则，采取假借订立合同恶意磋商等手段，造成对方损失的，应当承担赔偿责任。

商道演义

第四回　谋发展二狗遭损失
　　　　耍心眼大钱纳新人①

这日，王二狗正游走在大街上，突然被人从背后拍了一下肩膀，王二

---

① 改编自著名的1965年美国威斯康星判例霍夫曼诉红鹰连锁店一案 Hoffman v. Red Owl Stores。

狗回头一看,此人正是郑大钱。

好久不见,郑大钱越发富态了,整个人红光满面,意气风发,皮鞋擦得比头发还锃亮,左胳膊夹个钱包,右手拿着手机,笑盈盈地对王二狗说道:"狗子,来家里喝杯喜酒,祝贺小丹顺利通过司法考试。"

"郑老哥好福气啊!小丹这么厉害,前途无量啊,祝贺祝贺,一定来,一定来……"王二狗笑容满面。

"那就说好了,今晚不见不散。"

"好,晚上见!"

下午,王二狗理了个时兴的发型,换了套西服,精瘦的身材显得干练了许多。这或许是王二狗几个月来心情最好的一天了。

到了晚上,王二狗来到郑大钱家,敲开门后,发现沙发上已经坐满了亲朋好友,王二狗掏出新买的软中华香烟,娴熟地撕开包装,一根一根地分发给大家,热情地与大家握手寒暄。

郑大钱的爱人在厨房里忙出忙进,不一会儿,餐桌上就摆满了精致的菜肴。郑大钱招呼大伙儿入座,把小丹特意安排在左手边的位置,斟了一杯酒,说道:"今天是家宴,所以没有拉横幅,其实横幅的内容我早都想好了'热烈祝贺郑小丹通过天下第一考——司法考试'。"

众人附和着哈哈大笑,郑小丹说了些感谢的话,一桌人高举酒杯,一饮而尽。

酒过三巡,郑大钱询问王二狗近况,王二狗叹息摇头,把客户跑路、瓜子铺倒闭的事一股脑儿全说了出来,顺便试探性地问郑大钱,能不能加盟知音阁开个分店。

郑大钱已经开了三家分店,王二狗的这个想法与郑大钱有意拓展市场的打算不谋而合,郑大钱随口说道:"好哇,开一个加盟店,准备15万元启动资金就足够了。"

"郑老哥,你答应了?"王二狗不敢相信。

"二狗,这是小事,不过你欠缺些许专业知识,我觉得有必要报个培训班,进行一下音响原理和器材组装的专业培训。"

"培训好啊,我也想考个什么证呢,最好给我发一个音响师证。"王二狗激动道。

"你就是癞蛤蟆想吃天鹅肉,还想跟我们郑小丹比,国家的证书不是谁想考就能考的!"席间一人借着酒劲高声叫道,众人又嘲弄了一番王二狗,热热闹闹地回家去了。

第二天早上,王二狗趁热打铁,找郑大钱再次确认加盟店的事,郑大钱还给王二狗推荐了音响培训机构,王二狗不假思索,当场就报了名。

三个月后,王二狗学成归来,准备物色一个门面房,开加盟店,于是来到知音阁找郑大钱协商。郑大钱此时却改了主意,因为郑大钱发现王二狗在销售方面颇有天赋,如果开加盟店,不好管理,怕尾大不掉,倒不如把王二狗纳为员工,为其所用,岂不更好。

于是,郑大钱假装抱歉地说:"狗子,哥要给你说声对不起了,厂家突然取消了优惠政策,加盟费也水涨船高,现在加盟一个店15万启动资金根本拿不下来,我详细算了一下,至少得这个数。"郑大钱说着,伸出了三根指头。

"30万?开什么玩笑!你早说30万元,我就不去培训了,这叫我白白花了2万元培训费!"王二狗觉得郑大钱戏耍他,面露愠色。

"别急嘛,你看你,为啥非得自己开店呢?花钱还担风险,反正你也培训学习了,我这儿销售总监的位子不是空缺么,你要不先来我这历练历练,有了经验再开店也不迟么。"郑大钱这一番话还是很有水平的,三言两语就浇灭了王二狗心头的怒火。

王二狗想了下目前自己的现状,2万元的培训费已经花出去了,现在又开不起店,只能委曲求全,先给郑大钱打工,择机再谋出路。于是强颜欢笑,正欲感谢,忽然隐约听见有人喊"杀人啦!杀人啦!",王二狗循声望去。欲知后节如何,且听下回分解。

演义拆解

一、郑大钱在合同磋商过程中,违背诚实信用原则

《民法典》第7条规定,民事主体从事民事活动,应当遵循诚信原则,秉持诚实,恪守承诺。

郑大钱和王二狗磋商之初,提出需要开办资金15万元,王二狗准备充分后,郑大钱改口需要30万元,前后费用相差一半,其行为违背诚实信用原则。

示意图六

二、郑大钱应对王二狗的培训费损失承担赔偿责任

《民法典》第500条第(三)款规定,当事人在订立合同过程中因违背诚信原则的行为,造成对方损失的,应当承担赔偿责任。

郑大钱经营"知音阁"已有多家分店,对开店的费用具备基本的判断,在磋商开店过程中,郑大钱表现出的诚意让王二狗产生信赖利益,王二狗的花费也是用于开店的前期准备。因此,王二狗的培训费损失和郑大钱的磋商行为有一定的因果关系,郑大钱应当承担缔约过失责任。如果王二狗就2万元培训费损失将郑大钱诉至法院,在证据充足的情况下,法院将依法支持王二狗的主张。

攻防招式

以假乱真,语出北齐·颜之推《颜氏家训》:"馀分闰位,谓以伪乱真耳。"意思是用假的东西去冒充或混杂真的东西。

该招式在合同攻防术中为"防"式,意思是要在合同磋商时,防止对方违反诚实信用原则,使出"故意隐瞒与订立合同有关的重要事实或者提供虚假情况"或"假借订立合同,恶意进行磋商,套取商业信息"等"以假乱真"的招式,给我方造成损失。

江湖险恶,真真假假,虚虚实实,变化莫测。且不说签订合同之后发现被骗的懊恼,更有甚者,在合同磋商阶段,合同还没签订,就已经被骗了,这是个更高明的骗局。

有人要问,合同尚未签订,何骗之有?偏偏就有人假借订立合同,恶意进行磋商,骗取商业秘密,或者让竞争对手贻误谛约时机,这种行骗行为给对方造成损失的,须承担赔偿责任。

众所周知,一份合同订立之前,合同的当事人之间并无义务,只是在接触中相互磋商,在接触过程中,相互之间的协助、通知,甚至相互的保护照顾等行为就逐渐产生了,这些行为都应该遵守着诚实信用的原则,这些遵循诚实信用原则下的行为义务并非合同义务,而是一种"先合同义务"。

先合同义务,是指自缔约各方当事人因签订合同而相互接触磋商,至合同有效成立之前,各方当事人依诚实信用原则负有的协助、通知、告知、保护、照管、保密、忠实等义务。一旦违反了这些义务并形成了赔偿责任,也就构成了"缔约过失责任"。

陌路之人,素昧平生,缔结合同与否是自由的,中断磋商也是自由的,但是这种自由并非没有任何限制,不能以自由为幌子侵害他人合法权益。

合同攻防术之"以假乱真",旨在促使当事人恪守"先合同义务",遵守诚实信用原则。防范"以假乱真",实务操作建议如下。

一、全面了解竞争对手识破其真实目的

假借订立合同,恶意进行磋商,造成对方损失的,应当承担赔偿责任。恶意磋商,在实践中最常见的是竞争对手伪装为客户,套取相关信息或谋取篡夺商业机会。

应对方案:在交易之前,要对潜在竞争对手有一个相对全面的了解,充分考虑项目磋商的背后是否有利益相关联的潜在竞争对手,及时识破对方的真实目的,避免不必要的损失。

二、充分了解市场行情做内行人

故意隐瞒与订立合同有关的重要事实或者提供虚假情况,造成对方损失的,应当承担赔偿责任。合同一方当事人之所以能够隐瞒重要事实或者提供虚假情况,是抓住了对方对市场行情不了解的空子。

应对方案:在交易之前,应当对涉及行业的市场有一个清晰且充分的认识。只有这样,才能对于合同交易过程中可能涉及的问题进行甄别,不给对方隐瞒或者提供虚假情况的机会。

三、签订保密协议

泄露、不正当地使用合同磋商阶段获取的商业秘密或者信息,造成对方损失的,应当承担赔偿责任。

应对方案:为了避免商业秘密或信息被对方恶意获取,在签订正式合同前,先与对方签订保密协议或要求对方出具承诺书等,通过这些文件加以防范,确保合同相对方不会将相关信息外泄。待签署合同时,可以将上述资料在具体条款中予以固化。

招式依据

《民法典》关于合同磋商阶段责任承担的规定

第五百条 当事人在订立合同过程中有下列情形之一,造成对方损失的,应当承担赔偿责任:

(一)假借订立合同,恶意进行磋商;

(二)故意隐瞒与订立合同有关的重要事实或者提供虚假情况;

(三)有其他违背诚信原则的行为。

第五百零一条 当事人在订立合同过程中知悉的商业秘密或者其他

应当保密的信息,无论合同是否成立,不得泄露或者不正当地使用;泄露、不正当地使用该商业秘密或者信息,造成对方损失的,应当承担赔偿责任。

第五式

纵横交错：细编织，互制约

招式要诀

细编织，互制约，是指双方在磋商交易模式时，先将各自的合同义务拆解成不同的模块，再将各自义务模块按履行先后顺序相互穿插，以形成制约，通过构建交易模式化解法律风险。

商道演义

第五回　郑小丹偶遇疯汉子
　　　　王二狗演说黑三郎①

郑大钱正在拉拢王二狗入职知音阁，突然听见有人喊"杀人啦"，心里不由地咯噔一下。

只见旁边巷子里冒出一个一瘸一拐、蓬头垢面的人，口中念念有词，手舞足蹈，时不时地大吼一声："杀人啦——黑三郎杀人啦——"

---

①改编自《水浒传》第二十回"虔婆醉打唐牛儿 宋江怒杀阎婆惜"。

郑大钱这才反应过来,原来是个傻子。

这时,郑小丹也从店里跑了出来,王二狗看到郑大钱和郑小丹父女二人慌里慌张的样子,忍不住哈哈大笑道:"看把你们两个吓得,这个二傻子最近听茶馆里的先生说评书,讲的刚好是宋江怒杀阎婆惜桥段,就只记住'杀人啦'三个字,逢人便喊!"

郑小丹嗔道:"狗哥哥,真是怪吓人的,我还以为出什么事了呢。"

郑大钱道:"这说书先生也是个人才啊,把书说的傻子都能听懂,不简单啊。"

王二狗来了兴致:"你知道他是怎么说宋江的吗?他说宋江是郓城县政府办秘书,阎婆惜是民间歌手,二人因非法同居闹出了人命,你说是不是个人才?"

两人都被逗笑了,连忙赞叹高手在民间,郑小丹硬是缠着王二狗让继续讲下去,王二狗当然很开心,便添油加醋地继续道:"这个美女歌手小阎啊,是郓城县茶秀店老板王婆介绍给宋秘书的,宋秘书出手大方,一下子就俘获了小阎的芳心,两人很快就同居了。这宋秘书有一点不好,就是……"

王二狗故意停顿了一下,郑小丹撒娇催促道:"什么不好啊?狗哥哥,快说嘛。"

王二狗就喜欢这种感觉,盯着郑小丹的眼睛说道:"这不好的一点嘛,就是对男女之事过于木讷,小阎呢二八佳人,耐不住寂寞,便勾搭上了奸夫张文远,长期保持不正当男女关系,宋秘书有所耳闻,但装作不知道。

"有一天,小阎发现宋秘书与黑社会组织有染,并拿到了实锤的证据——一个招文袋,内有黑社会头目梁山晁盖给宋江亲笔书写的信件,信中说要给宋秘书送一百两金子!

"小阎顿时觉得发财的机会到了,有了钱就可以与奸夫张文远远走高飞啦,便向宋秘书索要金子,宋秘书拍着大腿苦苦哀求:'哪有这回事的啊,什么一百两金子,一个子都没有,你也知道,我是老实的人,不会说谎。你若不信,限我三日,我将家私变卖一百两金子给你,你还了我招文袋!'"

郑小丹听着入了迷,王二狗清清嗓子继续道:"这小阎美女可不是省油的灯啊,面对宋秘书的哀求,她冷笑着说:'我可不干那种"棺材出了,讨挽歌郎钱"的事,必须一手交钱,一手交货!'"

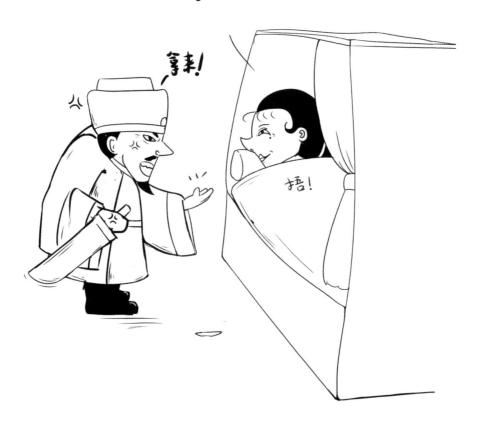

"两人僵持不下,宋秘书扯开被子就去抢,小阎两只手捂着不放,情急之下,宋秘书慌乱中拽出了一把压衣刀子,小阎见宋秘书抢刀在手,急忙叫道:'杀人啦!黑三郎杀人啦!'只这一声,激起了宋秘书杀人的念头,只见他左手按住小阎的头,右手拿刀在小阎的脖子上一抹……"

王二狗边说边伸出手,在郑小丹的脖子上比画起来,郑小丹吓得"啊——"一声,躲到了郑大钱身后,王二狗提高嗓门,喊道:"一刀下去,鲜血飞出,再复一刀,那颗头,伶伶仃仃,落在了枕头上。"

郑小丹被王二狗绘声绘色的讲述吓得捂住耳朵,摇头示意王二狗不要再讲下去了。王二狗龇着牙还想继续说,只见马路对面有人老远向郑大钱挥着手打招呼,郑大钱也挥手快步走过去。

演义拆解

一、"一手交钱一手交货"的交易方案,虽是阎婆惜化解法律风险最有效的方式,但存在履行不能的实际问题

阎婆惜的合同目的是拿到一百两金子,一手交钱一手交货的交易方案从阎婆惜的角度来讲,是风险最小的,招文袋是阎婆惜制约宋江付款的重大筹码,双方当场同时履约,是化解宋江拒不付款重大法律风险的有效方式。但是宋江没有现钱,当场履行不现实,"一手交钱一手交货"的方案无法当场兑现,"棺材出了,讨挽歌郎钱"的风险依然存在。

二、"先交招文袋,三日后付款"的交易方案,对宋江而言无任何法律风险,但突破了阎婆惜的谈判底线

宋江提出的交易方案是"限我三日,我将家私变卖一百两金子给你",合同履约的担保措施是信用担保——"我是老实的人,不会说谎"。这样的交易方案阎婆惜肯定不会接受,难免会让阎婆惜觉得"把我似小孩儿般捉弄",突破了阎婆惜的底线,交易注定是谈不拢的。

三、要让交易顺利进行,需寻求能够切实履行且有效化解双方风险的交易方案

阎婆惜和宋江分别提出了对各自都有利的交易方案,双方均无法接受且无法履行,交易陷入僵局。若双方另寻一种交易方案,平衡双方的风险系数,会不会不至于酿成惨案呢?

我们来拆分一下宋江与阎婆惜各自的义务。

1. 宋江的义务:支付一百两金子

从履行方式上可以拆分为以下两种。

方式1:分期付款,如先付一部分定金或预付款,再付一部分进度款,最后再留一部分质保金。

方式2:如无现钱支付,可设置担保措施。例如,寻求保证人担保,或者采取以家私抵押、质押的方式。

2. 阎婆惜的义务:交付书信

从履行方式上可以拆分为以下两种。

方式1:分批次交付,将书信拆开,一页一页分批次交付。

方式2:将书信复印一份,先交原件,再交复印件。

双方的履行义务拆分之后,交易模式就可以自由组合了,可采取的交易模式有以下三种。

交易模式1:宋江先付一部分定金,阎婆惜将书信拆开,先交付部分书信,等宋江的尾款筹好后,阎婆惜将剩余书信交付宋江。

交易模式2:宋江书写欠条一份,并找保证人签字,将欠条交付阎婆惜,阎婆惜将书信交付给宋江。

交易模式3:宋江和阎婆惜先签一份书面协议,将家私作为抵押物抵押给阎婆惜,或者直接转让给阎婆惜,阎婆惜分批次交付书信,直至债务结清。

攻防招式

纵横交错,语出清·纪昀《阅微草堂笔记》卷十七:"见《万法归宗》中载有是符,其画纵横交贯,略如小篆。"意思是横的竖的交叉在一起。

该招式在合同攻防术中为"攻"式,意思是将合同双方的权利义务交叉编制,相互制约,通过构建合理的交易模式的方式防范法律风险。

所谓交易模式,是指交易双方权利义务履行机制的安排布局,不同的布局就形成了不同的交易模式,不同的交易模式会产生不同的法律风险。合同磋商阶段,合同当事人的利益诉求各不相同,把合同各方的利益诉求拆分成不同的模块,把这些模块纵横交织,就形成了交易模式。

合同法律风险防控不能仅寄希望于违约责任的事后补救措施,真正的高手在磋商交易模式时,就将法律风险化解于无形了。

交易模式是合同磋商阶段应重点关注的核心问题,一份交易合同,就算是合同文字表达得再精准,条款逻辑设置得再完美,如果交易模式出现了错误,将会危机四伏,处处陷阱。

试想,如果交易模式是"先付款,后发货",那么付款方就存在"货款两空"的风险,而发货方的交易风险就几乎为零;反之,如果交易模式是"先发货,后付款",那么发货方就存在"货款两空"的风险,而付款方的交易风险就几乎为零,这就是"纵横交错"的攻防招式在发挥作用。

运用"纵横交错"之攻防招式设定交易模式,可化解法律风险于无形,具体操作方式如下。

第一步:模块拆解。

将双方的合同权利义务尽可能细地进行拆分,拆解为不同的模块:你干什么,我干什么。

第二步:穿插组合。

将拆解后的合同权利义务模块穿插组合,互为条件,相互制约。组合顺序可根据具体情况或以时间为序,或以事件为序。

第三步:化解僵局。

双方权利义务模块穿插组合时,因各方利益诉求不同,容易产生僵局,当僵局出现时,可引入定金、保证、所有权保留等制度化解僵局。

我们以"王二狗采购音响"这件事为例,用"纵横交错"招式设定交易模式:

第一步:拆解双方的合同权利义务。

①王二狗的义务是付款。付款义务拆分为:先付10%、再付80%、最后付10%。

②供应商的义务是交付音响。交付义务拆分为:备货、交货、保质保量、开发票。

第二步:穿插组合权利义务模块。

将拆解后的模块按时间顺序组合,互为条件,相互制约,比较科学的排列方法如下:

①王二狗付10%货款后,供应商开始备货。

②供应商交货,同时王二狗付80%货款。

③质保期满后,王二狗付尾款10%。

④王二狗结清全部货款后,供应商开发票。

第三步:引入定金制度完善交易模式。

①王二狗支付10%的定金,供应商开始备货。

②供应商向王二狗交付音响,同时王二狗支付80%款项;

③供应商保证质量问题,质保期满后,王二狗支付尾款10%;

④供应商收到全款后,向王二狗开具等额有效发票。

按照这种交易模式磋商合同,双方的法律风险、顾虑都会化解到最小,同时也更有利于促成交易。

日常交易中,大到项目并购,小到买一瓶矿泉水,都涉及交易模式的问题。尽管有些交易简单,瞬间即可完成,但仔细分析,实质上都是按照以上拆解方式一步一步完成的。常见的交易模式参考制度有分期付款、分批交货、凭样品买卖、试用买卖、所有权保留、保证、物权担保等,具体磋商时,须灵活应用。

招式依据

《民法典》关于交易模式的规定

1. 分期付款

第六百三十四条　分期付款的买受人未支付到期价款的数额达到全部价款的五分之一,经催告后在合理期限内仍未支付到期价款的,出卖人可以请求买受人支付全部价款或者解除合同。

出卖人解除合同的,可以向买受人请求支付该标的物的使用费。

2. 分批交货

第六百三十三条　出卖人分批交付标的物的,出卖人对其中一批标的物不交付或者交付不符合约定,致使该批标的物不能实现合同目的的,买受人可以就该批标的物解除。

3. 凭样品买卖

第六百三十五条　凭样品买卖的当事人应当封存样品,并可以对样品质量予以说明。出卖人交付的标的物应当与样品及其说明的质量相同。

4. 试用买卖

第六百三十八条　试用买卖的买受人在试用期内可以购买标的物，也可以拒绝购买。试用期限届满，买受人对是否购买标的物未作表示的，视为购买。

试用买卖的买受人在试用期内已经支付部分价款或者对标的物实施出卖、出租、设立担保物权等行为的，视为同意购买。

5. 所有权保留

第六百四十一条　当事人可以在买卖合同中约定买受人未履行支付价款或者其他义务的，标的物的所有权属于出卖人。

出卖人对标的物保留的所有权，未经登记，不得对抗善意第三人。

第二篇

合同签署

第六式
一拍即合：发要约，待承诺

招式要诀

发要约，待承诺，是指合同的成立过程可以拆分为"要约"和"承诺"两个阶段，合同一方当事人做出希望和他人订立合同的意思表示称为"要约"，另一方当事人做出同意要约的意思表示称为"承诺"，承诺生效时合同宣告成立。

商道演义

**第六回　新官上任二狗建群
　　　　居心叵测客户耍赖**

王二狗正学着评书先生的样子讲书，突然路边有人向郑大钱挥手打招呼，郑大钱快步迎过去，王二狗抬眼望去，只见此人将一个文件袋交给郑大钱，说了几句话，就风尘仆仆地离开了。

郑大钱回来后感慨地说："真不容易啊，去趟南方签个合同，一来一回,花了三天时间。"

王二狗说:"这个人之前我从没见过,不是咱们公司的吧。"

郑大钱解释说:"这是我的一个朋友,前两天我接了一单生意,在南方,正愁路远,刚好这个朋友有事情过去,就托他帮忙签合同。"

王二狗不解地说:"签个合同,至于跑一趟吗?为啥不邮寄呢?传真也行啊,电子邮件也可以啊,实在不行,拍照用微信发过去。"

郑大钱心想王二狗这脑子果然活泛,将来肯定可以给公司创造巨大的经济效益,心底暗暗得意自己的决定。

郑大钱给王二狗竖了个大拇指,拍着王二狗的肩膀说:"你看看,这么多人没一个人创新,知音阁就缺你这样的人才,别再推辞了,走马上任吧,我保证你挣的钱比瓜子铺多。"

王二狗看郑大钱是真心实意招纳自己,也不再多推辞。

郑大钱看王二狗不再推辞,便招呼店里的所有人过来,当众宣布:"从今天起,王二狗就是我们知音阁的销售总监了,今后大家销售方面的事宜全部都向王二狗汇报,大家鼓掌欢迎!"

王二狗站到大伙儿中间,深深地鞠了一躬,王二狗本就能言善辩,一番诚挚的入职演说让大伙儿激情澎湃,掌声鲜花自不在话下。

俗话说,新官上任三把火,王二狗担任销售总监后烧的第一把火,就是创新签订合同的方式。王二狗发明了一种使用微信签订合同的新形式,首先要求销售人员与意向客户建立一个微信群,同时把他也拉到群里,便于监督管理。合同内容谈拢后,销售人员把知音阁的制式合同盖章后发至微信群,客户在微信群自行下载合同,确认无误后,打印出来,加盖客户公司印章再扫描回传至微信群,销售人员将合同下载打印出来,这样一份合同就算签订了,既省事又便利。

这个方法大大提高了效率,减少了距离带来的不便,知音阁的销售人员都夸王二狗聪明。

但好景不长,有一天,一个粗心的销售人员把加盖了知音阁印章的合同扫描件发至客户群里,王二狗打开一看,发现合同报价填错了,合同价比成本价还低,要是这样销售非亏死不可。王二狗赶紧给这个销售人员打电话,但电话一直占线,打不进去。

王二狗急得直跺脚,幸好销售人员及时回了电话,王二狗顾不上痛骂,让销售人员立即撤回文件。销售人员赶紧挂了电话,使用微信的"撤

回"功能将该扫描件撤回,并告知客户合同价款填错了稍后重新拟定一份合同。

谁料客户一直坐在电脑前等待合同扫描件,在撤回消息前就已经下载了扫描件。这客户可不是个省油的灯,销售人员撤回微信消息后,客户将微信群的合同打印盖章并扫描回传到微信群中,声称双方买卖合同已经成立,要求履行合同。

王二狗新官上任,刚推广了一种新模式,就遇上这么一个客户,顿时雷霆大作,一通电话飚过去,把客户骂了个狗血淋头,客户嚷嚷着要去法院起诉,大半年过去了,也没见任何动静,这事就这么不了了之了。

自从发生这件事后,王二狗不再推广微信签合同的新发明了,不过说来也奇怪,自从王二狗入职以来,知音阁的销量同比增长了一倍多,郑大钱的赏识、收入的增加让王二狗对自己的人生有了不一样的领悟,王二狗更加干劲十足,打算充分积累经验今后自己独立开店,毕竟常言道"不想当将军的士兵不是好士兵"。

一日下班回家的路上,王二狗迎面看见熟悉的身影,原来是彪子搂着一个女人走了过来,王二狗上前就是一拳,不知又会闹出什么事来。

演义拆解

一、合同成立遵循"要约——承诺"的规则,承诺生效时,合同成立

《民法典》第471条规定,当事人订立合同,可以采取要约、承诺方式或者其他方式。通过微信订立合同,在当下社会已成为常见的商业交易方式之一,其形式上虽区别于传统的合同订立方式,但也遵循合同成立的规则。《民法典》第483条规定,承诺生效时合同成立。一方当事人发出希望与他人订立合同的意思表示,另一方当事人做出相应的承诺,双方协商达成一致,合同就成立了。

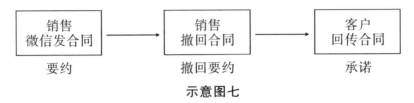

示意图七

二、销售在客户做出承诺前撤回了微信,双方合同未成立,客户无权要求知音阁履行合同

销售将单方盖章的合同扫描件发到微信群中,属于要约。在客户做出承诺前,销售操作撤回微信消息并告知合同有问题需重新拟定,属于撤回要约,撤回的行为发生在客户回传合同之前,根据《民法典》141条"撤回意思表示的通知应当在意思表示到达相对人前或者与意思表示同时到达相对人"之规定,销售撤回要约符合法律规定,知音阁与客户之间的合同并未成立,客户主张履行合同没有事实和法律依据。

攻防招式

一拍即合,意思是一打拍子就合上了曲子的节奏,比喻双方很容易达成一致,也比喻因情意相投或有利害关系,一下子就说到一起或结合在一起。

该招式在合同攻防术中为"攻"式,主要指合同成立的过程,如果把要约比作"曲子",把承诺比作"拍子",一方发出要约,另一方做出承诺,双方达成一致的意思表示,"拍子"合上"曲子"的节奏,合同就成立了。

一、承诺生效时合同成立

小品《功夫》片段中,赵本山举起铁锤正要砸向轮椅,范伟说道:"大哥,你要砸就砸我吧。大哥你太有诚意啦!孩子们说得对,它不仅是我们重归于好的见证,更是我以后避免上当的警钟。我收藏了。"

赵本山:"不行,学生们花钱给我做的,你怎么能收藏呢?"

范伟:"多少钱我给呀。"

赵本山:"花多少钱啦?"

徒弟:"两千。"

范伟:"我出两千。"

赵本山:"我给两千五。"

范伟:"我,三千。"

赵本山:"我,三千五。"

范伟:"我四千。"

赵本山:"我五千。"

范伟:"成交。"

在这段赵本山与范伟的议价过程中,范伟叫价两千是要约,赵本山还价两千五是反要约,双方一直叫到五千,这是要约与反要约的来回切换,最后范伟说出成交两字,这就是法律意义上的承诺,一经承诺,合同就成立了。

从法律概念来讲,要约是希望与他人订立合同的意思表示,该意思表示应当符合两个条件:①内容具体确定;②表明经受要约人承诺,要约人即受该意思表示约束。承诺是受要约人同意要约的意思表示,承诺的内容应当与要约的内容一致,受要约人对要约的内容进行实质性变更的,为新要约。承诺生效时合同成立。

我们身边无时无刻不发生着要约与承诺的过程。商场里摆放的商品,你拿起来去付款,收银员收完钱,这就是要约与承诺的过程。通俗点说,商场摆放商品,贴上价签就是要约,你拿起来交钱就是承诺。商场的一切条件,你都用行动像镜子一样返回去,这就是要约承诺的本质。一方的条件被另一方像镜子一样反射回去,就成立了合同,就有了要约与承诺。

所以说订立合同对于我们每个人来说都不遥远,是经常遇到的,只是我们在没有学习法律的时候,不知道自己做的就是订立合同的行为而已。

二、书面合同自当事人均签名、盖章或者按指印时合同成立

当事人采用合同书形式订立合同的,自当事人均签名、盖章或者按指印时合同成立。合同书是最常见的一种书面合同形式,这种形式的合同比比皆是,在签订书面合同书时,要注意以下几点。

1. **签名**

签名须用墨水笔,不要用油性圆珠笔。因为黑水笔的墨水是沁进纸里的,而复印件是墨粉干喷上去的,可以辨别原件和复印件。

2. **按指印**

合同签名后一定要加按指印。指印不能只蘸点指尖,应将右食指末节全部清晰印上。按指印是为了防止对方签假名,以后打官司时和身份证姓名对不上,百口莫辩。

3. **盖章**

合同主体为法人的,应加盖公章或合同专用章,盖章时印章端正、居中下压公司名称和合同日期,使公司名称和合同日期居印章中心偏下位置,印章顶端应当上距正文一行之内。

如果一份合同的页数超过一张纸,一定要加盖骑缝章,以防止对方更换纸张,替换条款。骑缝印盖在打开的两页间、正面揭口边、背面揭口边均可。

三、书面合同能面签尽量面签,不推荐异地远程签合同

对于分处两地的当事人,通常会采取信件、电报、电传、传真等形式订立合同,但是从证据保存的角度讲,不建议采用传真、扫描、微信拍照传输等方式签订合同,因为再先进的科技,也弥补不了时空的差距,当双方不在现场时,合同的内容会不会被篡改,合同上的签名到底是不是本人签的,就不得而知了,法律风险也由此而来。

传真件不是原件,传真文件也就相当于扫描文件,传真文件扫描出来之后有可能用软件进行修改,所以可能作假,传真传送的文件不是原件。如果往来资料是通过传真的方式传送的,应及时把传真文件中的内容以书面形式固定下来,并经双方签章确认。

因此,在签订书面合同时,能面对面签合同,就不要远程签合同,当面"签字画押"是最靠谱的。如果实在不具备面对面签订合同的条件,建议采取"邮寄+电子邮箱+远程视频"的方式将风险降到最小:

①合同中不要留白,而且要注明"手写无效",以防止对方收到合同后,在空白处随意增加条款。

②在邮寄的同时,将合同的电子文档通过合同约定的电子邮箱发送给对方,并要求对方在邮件中回复"对合同内容无异议,同意签订"等内容,防沲对方收到单方盖章的合同后恶意修改合同内容。

③远程面签,对用印动作、合同签署页等关键节点全程录音录像。

四、以电子数据交换、电子邮件等方式签订的合同视为书面形式的合同

随着网络、物流的日益发达,"网购"越来越受到大家的青睐,在网购时,以电子数据交换、电子邮件等方式能够有形地表现所载内容,并可以随时调取查用的数据电文,可视其为书面形式。

在没有特别约定的情况下,当事人一方通过互联网等信息网络发布的商品或者服务信息符合要约条件的,对方选择该商品或者服务并提交订单成功时合同成立。合同的标的为交付商品并采用快递物流方式交付的,收货人的签收时间为交付时间。如果对合同成立的地点没有约定,那么收件人的主营业地为合同成立的地点;没有主营业地的,其住所地为合同成立的地点。

电子合同是通过数据电文、电子邮件等形式签订的明确双方权利义务关系的一种电子协议。法律对电子合同的形式合法性、保存合法性、证据真实性和签名的可靠性有严格规定,故在选择第三方服务平台时需要对其资质、资信以及技术进行审核,第三方服务平台必须得到国家的认可,这样签订的电子合同才是合法有效的合同。

招式依据

《民法典》关于合同订立的规定

1. 合同形式

第四百六十九条　当事人订立合同,可以采用书面形式、口头形式或者其他形式。

书面形式是合同书、信件、电报、电传、传真等可以有形地表现所载内容的形式。

以电子数据交换、电子邮件等方式能够有形地表现所载内容,并可以随时调取查用的数据电文,视为书面形式。

2. 合同成立

第四百八十三条　承诺生效时合同成立,但是法律另有规定或者当事人另有约定的除外。

第四百九十条 当事人采用合同书形式订立合同的,自当事人均签名、盖章或者按指印时合同成立。在签名、盖章或者按指印之前,当事人一方已经履行主要义务,对方接受时,该合同成立。

法律、行政法规规定或者当事人约定合同应当采用书面形式订立,当事人未采用书面形式但是一方已经履行主要义务,对方接受时,该合同成立。

第四百九十一条 当事人采用信件、数据电文等形式订立合同要求签订确认书的,签订确认书时合同成立。

当事人一方通过互联网等信息网络发布的商品或者服务信息符合要约条件的,对方选择该商品或者服务并提交订单成功时合同成立,但是当事人另有约定的除外。

第四百九十二条 承诺生效的地点为合同成立的地点。

采用数据电文形式订立合同的,收件人的主营业地为合同成立的地点;没有主营业地的,其住所地为合同成立的地点。当事人另有约定的,按照其约定。

第七式
滴水不漏：字词句，细斟酌

招式要诀

字词句，细斟酌，是指合同条款文字表述要字斟句酌，做到简洁、明确、规范，不能存在歧义。

商道演义

**第七回　谈恋爱郑彪传真经
　　　　写情书二狗梦黄粱**

王二狗下班回家，老远看着一对男女手挽手走来，定睛一看，这男的不是别人，正是此前卖金银制品的郑彪。

王二狗上前一拳砸在郑彪的胸口上说道："出来了也不联系，哥们我好给你接风洗尘啊！"

郑彪"哎哟"一声，向后趔趄了两步，挤眉弄眼地解释道："好哥们，不好意思，说来话长，一言难尽啊。哦，对了，隆重介绍一下，这是我女朋友。"

随即转头指着王二狗对女子说:"这是我发小——王二狗,别人都叫他狗哥。"

"狗哥哥好。"女子娇滴滴地说。

"狗子,哥们没联系你,是我的不对,请你吃烧烤给你赔罪,走。"郑彪说罢,不等王二狗回话搂着王二狗的肩膀就往烧烤摊走去。

烧烤摊上人声鼎沸,吆喝声、谈笑声、啤酒瓶子的碰撞声夹杂在一起,融汇在闪烁的霓虹灯中,化作一缕缕烟火气,悠悠荡荡,消散在无尽的长夜中。

借着酒劲,郑彪慨叹:"老子在号子里待了一年多,算是看透了这花花世界,现在只想踏踏实实过日子了。"郑彪的眼神看向女子,女子甜甜一笑。

"狗子,你也该找个女人了,老一个人晃荡不是个事啊。"

王二狗眼神闪烁道:"我也想啊,可是没有合适的。"

"追女人就一招,死缠烂打,管他配不配得上呢!你说对吧?"郑彪边说边冲着女子挤弄眼睛。

女子悄悄拧了一把郑彪的大腿,害羞说道:"哎呀,别说了,怪不好意思的。"

三人你来我往,推杯换盏,不自觉夜色就浓成初墨一般。

王二狗自上次见过郑小丹后,心中就荡起了一阵涟漪,一直默默关注郑小丹的讯息,时不时打探下。

记得王二狗最早见郑小丹的时候,她还是小女孩模样,自上次与郑大钱一起参加郑小丹的演出后,王二狗才意识到邻家妹妹初长成,心里也生出不一样的心思。

经过今晚郑彪与他女朋友的劝慰,还有酒精的刺激,恍恍惚惚间王二狗决定明天就向郑小丹表白。王二狗故意称自己有些事情请教郑小丹,约郑小丹明天傍晚在咖啡厅见面。

天微微亮,王二狗穿上了得体的西装,皮鞋也擦得锃亮,专门去花店预定了一束红玫瑰,为表情深,还专门绞尽脑汁地写了一封情书。

情书改了又改,头发梳了又梳,皮鞋擦了又擦,王二狗终于出门了。

王二狗手捧玫瑰在座位上坐立难安,脑细胞也越发活泛起来,一会儿想郑小丹拒绝自己怎么办,一会儿安慰自己说不定郑小丹同意了呢。

就这样王二狗糟心地过了许久,终于透过咖啡厅的大门看到了熟悉的身影,郑小丹身穿一袭红色连衣裙,如海藻一般的长发随意地散落,王二狗的心快跳出来了。

郑小丹含笑看着王二狗,王二狗随手拿起杯子一饮而尽,手举玫瑰单膝跪地。

我的甜心:①

爱你一万年!

为了你,我宁愿背叛我的父母和家庭,今生今世我只爱你一个人。我对你的山盟海誓,有天地为证。我会给你最大的幸福!那天清晨我来到你的窗前,在心里默默地对你说:如果你也爱我,就请打开你的窗。后来你的窗真的开了,我真的太幸福了!如果你和我生活在一起,我会为你当牛当马,包揽一切家务。如果你不答应,我会在我们相识的小河边悄悄结束自己的生命;当我的鲜血染红了小河,那是我对你爱的证明。如果我背叛了你,我愿意接受任何惩罚,五雷轰顶,千刀万剐!

爱你的二狗子
于无眠的深夜

---

① 改编自《律师对情书的点评》(载于《现代青年:细节》2008 年第 001 期:57)。

第二篇 合同签署

王二狗说完心都快跳出来了,结果郑小丹接过他的花,冲着王二狗羞涩又甜甜地笑。王二狗开心地将郑小丹公主抱起来,喊道:"你同意了,你同意了,哈哈哈。"王二狗的嘴角都快咧到天上去了。

王二狗感到嘴角疼,睁开眼睛,反应了一会儿,才知道原来刚发生的一切都是梦啊,失落道:"怎么是梦啊!"

王二狗无精打采地上班去了,忽然听见有人急呼:"二狗,二狗!"

演义拆解

此情书共十句话,也算是情真意切,文采飞扬,但如果从合同法律规则的视角去解读,却漏洞百出,分解点评如下。

（1）我的甜心：

[评]对象不明。合同主体必须明确,应写明对方准确的姓名。

（2）爱你一万年!

[评]显然无法履行的义务,系无效条款。但不影响其他条款的效力。

（3）为了你,我宁愿背叛我的父母和家庭,今生今世我只爱你一个人。

[评]尊老爱幼、赡养老人是中华民族的传统美德,该条款违背了公序良俗原则,系无效条款。

（4）我对你的山盟海誓,有天地为证。

[评]天地不能作证,应该选择有资质的律师做见证或公证机关公证。

（5）我会给你最大的幸福!

[评]约定不明。不同的主体对"幸福"的具体内涵理解不同。

（6）那天清晨我来到你的窗前,在心里默默地对你说:如果你也爱我,就请打开你的窗。后来你的窗真的开了,我真的太幸福了!

[评]重大误解,系可撤销条款。早晨开窗几乎是每天都发生的事情,与心中默念没有必然联系。

（7）如果你和我生活在一起,我会为你当牛当马,包揽一切家务。

[评]显失公平,系可撤销条款。《民法典》规定夫妻的法律地位平等,当事人应当遵循公平原则确定权利和义务。

（8）如果你不答应,我会在我们相识的小河边悄悄结束自己的生命;当我的鲜血染红了小河,那是我对你爱的证明。

[评]首先,一方以胁迫的手段订立的合同,可请求撤销;其次,造成

环境污染,损害社会公共利益,应当追究法律责任。

(9)如果我背叛了你,我愿意接受任何惩罚,五雷轰顶,千刀万剐!

[评]这两种承担违约责任的形式违反公序良俗原则,约定无效。

(10)爱你的二狗子,于无眠的雨夜。

[评]没有标明本人有效证件上的姓名和具体的时间,不符合书证的形式要件。

攻防招式

滴水不漏,语出宋·朱熹《朱子语类·易三》:"又要说得极密处无缝罅,盛水不漏。"意思是一滴水也不外漏。形容说话、办事非常细致、周密,无懈可击。

该招式在合同攻防术中为"攻"式,主要指合同条款的文字表达要达到周密细致、滴水不漏的效果。

制作合同是一件很烧脑的工作,要把合同做得滴水不漏,不但要考虑宏观的交易结构、交易流程设计,而且还要注意每一个词,每一句话,每一个商业条款的设计、表达,反复权衡、推演其关联影响。单就语言文字表达而言,合同语言应当简洁、明确、规范。

一、简洁

合同语言,不能啰唆,句子要短。

长句逻辑关系复杂,容易发生歧义,要善用短句。不要用复句,更不要用一口气读不完,仔细琢磨半天也难以理解的句子。

条文要短,最好是每行就是一句话。如果是一个很复杂的意思,就要拆成几句话来说。

举例:地方法院今天推翻了那条严禁警方执行市长关于不允许在学

校附近修建任何等级的剧场的指示的禁令。

这一长段话读上好几遍都不知所云,如果调整为三个短句,就好理解了:

①市长发出了关于不允许在学校附近修建任何等级的剧场的指示;

②警方却接到了严禁执行这一指示的禁令;

③今天,地方法院推翻了这条禁令。

二、明确

合同语言要明确,不能含糊其词,不能有歧义。

举例:李某欠王某货款2400元,李某打欠条一张,载明"今欠王某货款2400元"。半年后李某支付400元,在欠条上写了一句话"还欠款400元"。由于"还"是一个多音字,有"huán"的读音,表归还的意思;有"hái"的读音,表仍然的意思。到底是归还了400元之后欠2000元,还是归还了2000元之后欠400元?这就引起了歧义,造成不必要的争执。

再高深的武功,总有破绽之处,把一件事做到滴水不漏,几乎是不可能的,但这是我们的美好愿望。修炼"滴水不漏"之攻防招数,不光是要学习怎样使合同语言表述更加精准,更是要明白,万一漏了一滴水,应该怎么去处理。

当合同条款出现歧义时,应当按照所使用的词句,结合相关条款、行为的性质和目的、习惯以及诚信原则,确定其表示的含义。对于诸如单方申明、告知之类没有相对人的文件出现歧义时,不能完全拘泥于所使用的词句,而应当结合相关条款、行为的性质和目的、习惯以及诚信原则,确定行为人的真实意思。

在上述案例中,如果李某主张归还了2000元,按照谁主张谁举证的原则,李某应当提供相应的还款证明,如银行提款记录、转账记录等,如不能证明,应承担不利的法律后果。况且,比照格式条款的解释原则——对格式条款有两种以上解释的,应当做出不利于提供格式条款一方的解释——"还欠款400元"系李某书写,因为该用词既可以理解成已归还400元,又可以理解成还有400元欠款,应当做出不利于李某的解释,即李某仍然有2000元欠款未还。

三、规范①

1. 当事人条款

合同当事人须用法定称谓。买卖合同的双方为"买受人""出卖人",不要写"买方""卖方"或"供方""需方";施工合同的双方是"发包人""承包人";租赁合同双方是"出租人""承租人"。

法定住所、实际办公地址、统一社会信用代码、法定代表人、联系方式(电话、传真、信箱等)均应写在当事人条款部分。自然人要写居民身份证号码和住所及居所。"住所"是指在政府登记的地址,如自然人身份证上的地址,企业的执照上写的地址。"居所"是自然人在登记住所以外连续居住一年以上的经常居住地。

2. 常用词表达

合同语言要理性,不要带情绪,不要用夸张、比喻、排比、拟人、渲染等修辞手法。举例:

①要对方做到的,用"须",不要用"应",但不是"必须","必须"口气太硬,显得伤和气;

②为体现合同公正,也要写些约束己方的看上去对自己不利的条文,但尽量用"可"或"应",别用"须";

---

① 《如何把合同写得看上去很美》,佚名,摘自互联网。

③禁止对方做的,用"不得";

④任意性的内容用"可",不是"可以",显得文字洗练;

⑤建议性的内容用"宜",不用"可以",显得文雅一些;

⑥"也"字太白话,用"亦",如"也可以……"写为"亦可……"

⑦"没有""不"写作"未"。"不按时付款"似有故意拖欠之嫌,"未按时付款"或"逾期付款"则是表达事实,中性用词。

3. 数词表达

合同中重要数字要双写。比如数量、单价、金额、比例等,应先用汉字写一遍,接着加用括弧再写一遍阿拉伯数字。我国的本币就是人民币,国内合同汉字金额前不必写"人民币"三个字,在阿拉伯数字前加人民币符号"￥"就表示了币种,￥和金额中间不要用冒号。

举例:总货款24600元,逾期付款违约金每日万分之五。应写成"总货款贰万肆仟陆佰元整(￥24600.00),逾期付款按逾期金额的每日万分之五(5‰)支付违约金"。

4. 条款编号

合同条款一定要编号,编号的好处不仅是眉目清晰,还为以后援引带来便利。比如,在法庭上要引用某证据材料,直接说某合同第几条,免得临时用手指头按着纸慢慢找在第几页第几行。

编号的表达:一、(一)1.(1)四级。"一"后面用顿号(、);"(一)"和"(1)"后既不要空格,也不要符号;"1"后面用点号(.)。常见错误:(一)、(1)、1.,正确用法:(一) (1) 1. 。

除上述编号的表达之外,还有"1、1.1、1.1.1、a"四级的编号表达法。最后一字符后用空格,不要标点。

关于如何准确使用标点符号,推荐学习《标点符号用法》(GB/T

15834—2011)。

招式依据

《民法典》关于合同条款意思理解出现歧义时如何处理的规定

1. 一般规则

第一百四十二条　有相对人的意思表示的解释,应当按照所使用的词句,结合相关条款、行为的性质和目的、习惯以及诚信原则,确定意思表示的含义。

无相对人的意思表示的解释,不能完全拘泥于所使用的词句,而应当结合相关条款、行为的性质和目的、习惯以及诚信原则,确定行为人的真实意思。

2. 两种文字文本争议处理规则

第四百六十六条　当事人对合同条款的理解有争议的,应当依据本法第一百四十二条第一款的规定,确定争议条款的含义。

合同文本采用两种以上文字订立并约定具有同等效力的,对各文本使用的词句推定具有相同含义。各文本使用的词句不一致的,应当根据合同的相关条款、性质、目的以及诚信原则等予以解释。

第八式
正大光明：免责任，要提醒

招式要诀

免责任，要提醒，是指采用格式条款订立合同的，提供格式条款的一方应当遵循公平原则确定当事人之间的权利和义务，并采取合理的方式提示对方注意免除或者减轻其责任等与对方有重大利害关系的条款，按照对方的要求，对该条款予以说明。

商道演义

第八回　
王二狗退租忘押金
地产商签约未提示①

王二狗无精打采上班途中，忽然听见有人在喊自己的名字。

王二狗回头一看，是郑大钱。只听郑大钱语气凝重道："狗子，你赶

---

①改编自徐蕾诉中汇房产公司财产所有权纠纷案（载于《中华人民共和国最高人民法院公报》2005年第9期）。

紧过去看看,鸡窝巷的店长跟房东打起来了。"

当时准备在鸡窝巷开分店的时候,王二狗就坚决反对,因店长好吃懒做,王二狗对此人不信任,但这个店长是郑大钱的亲戚,在郑大钱面前拍着胸脯保证一定大赚,郑大钱最终为了亲情还是妥协了。

后来果然不出王二狗所料,鸡窝巷的分店开了不到半年,就开不下去了。郑大钱让店长协商退租事宜,房东是一家地产公司,店长就把地产公司办理退租的业务员约到店里商谈,这业务员一听店长要退租,直接就说不行,店长年轻气盛,没说两句话双方就开打了。

王二狗临危受命,火速赶到鸡窝巷,业务员已经被人劝离了,只剩店长一个人气急败坏地又吼又叫。

王二狗板着脸对店长道:"你把租赁合同拿来,让我看看。"

店长翻箱倒柜地找了一圈,终于找到一份租赁合同,上面写着租期2年,每月租金1600元,押金1600元,租金按年付。

"租金交了多钱?"王二狗翻着合同问。

"签合同时交了1年的房租19200元,现在还剩半年的房租9600元,这狗东西故意压着咱们钱不给退!"店长骂道。

王二狗被指派过来处理这件事情本就不情愿,加之店长又在自己面前骂"狗东西",这活像是在耍威风,一时也恼起来。"你这人说话跟刮大风一样,张口就来,房东凭什么给你退半年房租!你这叫单方毁约,懂不懂?"

店长意识到自己刚才失言,脖子一梗,默不作声。王二狗狠狠地瞪了店长一眼,哼了一声。

王二狗摸出手机,拨通郑彪的电话,脸上的表情立即转怒为喜,嘻嘻哈哈地说道:"喂,彪子,鸡窝巷1600的房子,豪华装修,赶紧来,错过就没了。"

郑彪接到电话，不一会儿就赶过来了，王二狗大概说了一下商铺的情况，郑彪仔仔细细地查看了一圈，当下就决定接收。

事不宜迟，王二狗立刻带着郑彪去见地产公司老板，王二狗开门见山地说明了来意，并站在地产公司的角度分析，这件事要是办妥了，地产公司没有任何损失，而且郑彪实力更强，租金更有保证。一席话说得地产公司老板频频点头，随即安排秘书办理承租人变更手续。

这秘书办事也利索，把王二狗带到办公室，随手拿出公司的解除合同协议书模板，问道："应该退多少钱房租？"

"9600元。"王二狗不假思索地答道。

秘书在协议空白处填写了退租9600元，双方签字盖章完毕，秘书在财务处支取了9600元现金交给王二狗，王二狗打了收条，随后，地产公司与郑彪重新签订了租赁合同。退租手续就这样三下五除二地办完了。

回到店里后，王二狗故意把9600元现金拿到手里臊店长，顺便给其他店员做个表率，让大家知道正确的领导人的重要性。

店长接了现金及协议后，骂道："这狗东西还差咱们1600元的押金呢！"

押金事小，王二狗听着店长一口一个"狗东西"，心里的无名怒火实在压制不住了。

"滚！你给我滚！"王二狗指着店长的鼻子愤怒地吼道："你早干吗去了！我一进门就问租金的事，你给我直接说个9600元，押金的事连个屁都没放，现在事都办完了，你给我说还有押金，你早干吗去了？"

"我去找他要。"店长强忍着怒气说。

王二狗一把夺过解除合同协议书，指着上面的一个条款吼道："看清楚了,这写的什么:自该协议签字之日起,双方再无任何房屋租赁关系及经济关系。你去要,你还要不要脸!"说着又把合同甩在了店长的脸上。

是可忍孰不可忍,店长终于被激怒了,大吼一声:"老子不干了!你算哪根葱啊!你就是郑哥手下的一条狗,你还真当自己是碟子菜啊,就你还对小丹有非分之想,癞蛤蟆想吃天鹅肉,你也不撒泡尿好好照照!"语音未落,王二狗已经挥拳过来。

演义拆解

一、"自该协议签字之日起,双方再无任何房屋租赁关系及经济关系"系格式条款

《民法典》第496条第一款规定,格式条款是当事人为了重复使用而预先拟定,并在订立合同时未与对方协商的条款。解除合同协议书的提供者系地产公司,该合同是地产公司长期重复使用而预先拟定的合同,在签署终止协议时,就押金是否退还未与王二狗协商也并未告知,在协议中直接载明"自该协议签字之日起,双方再无任何房屋租赁关系及经济关系",因此该条款属于格式条款。

示意图八

二、地产公司未尽提示说明义务,"自该协议签字之日起,双方再无任何房屋租赁关系及经济关系"条款不能作为合同内容

《民法典》第496条第二款规定,提供格式条款的一方未履行提示或者说明义务,致使对方没有注意或者理解与其有重大利害关系的条款的,对方可以主张该条款不成为合同的内容。在签署解除合同协议书时,地产公司明知其按照租赁合同约定收取的押金尚未退还,押金收据还在王二狗手中。作为格式合同的提供者,地产公司既然认为"双方再无任何房屋租赁关系及经济关系"这一格式条款中包含了不返还押金的意思,此时就有义务提醒对方注意或在协议中注明:这一条款签署后,押金不再退还,押金收据废止。地产公司并未履行这一义务,根据上述法律规定,该条款不能作为合同内容。

三、王二狗并无放弃押金的意思表示,地产公司应退还押金

鉴于解除合同协议书对押金以及押金收据如何处理只字未提,从"双方再无任何房屋租赁关系及经济关系"这一格式条款的文字中,不能直接推导出王二狗有自愿放弃索要押金的意思表示。因此地产公司仅以签署了解除协议为由拒不返还押金,于法无据。

攻防招式

正大光明,语出宋·朱熹《答吕伯恭书》:"大抵圣贤之心,正大光明,洞然四达。"意指心怀坦白,言行正派。

该招式在合同攻防术中为"攻"式,在设置格式条款时,对于一些与对方有重大利害关系的条款要提醒对方特别注意,正大光明地告诉对方合同条款内容及含义。

随着经济的发展,交易速度日趋加快,一些大型企业在频繁地、重复性地交易过程中,为简化缔约程序、降低交易成本,针对不特定多数的交易对象,开始采取格式条款进行合同约定。主要表现在水、电、热力、燃气、邮电等公用事业部门以及保险、运输、银行等重点行业。

这些合同往往是一方当事人预先拟定内容,把字体调到最小,形成好几页密密麻麻的纸张,只留一个对方签字的空白位置,不允许任何修改和变动,这种为了重复使用而预先拟定,并在订立合同时未与对方协商的合同就是所谓的格式合同。

格式合同的出现,大大提高了交易的频率和便利度,但格式合同的出具方往往会利用自己的优势地位,制定许多减轻或免除自己责任,或加重对方责任的条款,这些条款未经双方充分磋商,会造成极大的不公平,通过法律强行干预就显得很有必要。

法律是平衡的艺术。

正大光明之攻防招式正是为格式合同之平衡而来。该招式来源于《民法典》第496条：提供格式条款的一方应当遵循公平原则确定当事人之间的权利和义务，并采取合理的方式提示对方注意免除或者减轻其责任等与对方有重大利害关系的条款，按照对方的要求，对该条款予以说明。提供格式条款的一方未履行提示或者说明义务，致使对方没有注意或者理解与其有重大利害关系的条款的，对方可以主张该条款不成为合同的内容。

该招式的精髓是正大光明地提醒对方，让对方"注意"或"理解"与其有重大利害关系的条款。那么，怎样才能算是"足以引起对方注意"的"合理的方式"？答案是四个字：正大光明！

提供格式条款的一方在合同订立时采用通常足以引起对方注意的文字、符号、字体等明显标识，提示对方注意免除或者减轻其责任、排除或者限制对方权利等与对方有重大利害关系的异常条款的，人民法院可以认定其已经履行提示义务。

提供格式条款的一方按照对方的要求，就与对方有重大利害关系的异常条款的概念、内容及其法律后果以书面或者口头形式向对方作出通常能够理解的解释说明的，人民法院可以认定其已经履行说明义务。

司法实践中，提供格式条款的一方对其已经尽到提示义务或者说明义务承担举证责任。需要说明的是，对于通过互联网等信息网络订立的电子合同，提供格式条款的一方仅以采取了设置勾选、弹窗等方式为由主张其已经履行提示义务或者说明义务的，人民法院不予支持。

我们经常会看到，旅店的免责说明张贴在房间的门背后、文件夹子内页中或者旅客不容易看到的柱子侧面；停车场的免责条款张贴在司机不太容易看到的墙面上或被车挡住;保险公司合同上的免责条款虽以黑体字标识,但标识内容太过庞杂,令人眼花缭乱,或者字体过小,无法让人仔细阅读,等等。这些都不"足以引起对方注意",不能认定为采取了合理方式。

具体来讲,该招式的操作要点如下。

一、让对方抄写核心条款内容

对于一些与对方有重大利害关系的条款,除了更换字体、加大、加粗、加下划线、更换颜色等方式显著标识外,还应在条款后面下拉空白的下划线,请求对方将上述条款内容抄写一遍,从而证明已经尽到提示说明义务。

二、给对方宣读合同内容

对于重点条款,比如那些要求对方承担违约金、赔偿责任、增加费用、解除合同、我方不承担责任、争议管辖等条款,应向对方进行宣读,需要注意的是,宣读时要同步录音录像,留存宣读的证据材料。

三、重点条款处签名捺印

如果不具备手抄和宣读的条件,可要求对方在与其有重大利害关系的条款旁边签名捺印,以证明履行了提示或者说明义务。

需要特别说明的是,尽到提示说明义务后的格式合同并非一定为有效合同,若该格式合同中的条款存在以下情形,该格式条款无效:

①提供格式条款一方不合理地免除或者减轻其责任;

②提供格式条款一方不合理地加重对方责任;

③提供格式条款一方不合理地限制对方主要权利;

④提供格式条款一方排除对方主要权利。

招式依据

《民法典》关于格式条款的规定

第四百九十六条　格式条款是当事人为了重复使用而预先拟定,并在订立合同时未与对方协商的条款。

采用格式条款订立合同的,提供格式条款的一方应当遵循公平原则确定当事人之间的权利和义务,并采取合理的方式提示对方注意免除或者减轻其责任等与对方有重大利害关系的条款,按照对方的要求,对该条款予以说明。提供格式条款的一方未履行提示或者说明义务,致使对方没有注意或者理解与其有重大利害关系的条款的,对方可以主张该条款不成为合同的内容。

第四百九十七条　有下列情形之一的,该格式条款无效:

(一)具有本法第一编第六章第三节和本法第五百零六条规定的无效情形;

(二)提供格式条款一方不合理地免除或者减轻其责任、加重对方责任、限制对方主要权利;

(三)提供格式条款一方排除对方主要权利。

第四百九十八条　对格式条款的理解发生争议的,应当按照通常理解予以解释。对格式条款有两种以上解释的,应当作出不利于提供格式条款一方的解释。格式条款和非格式条款不一致的,应当采用非格式条款。

第九式
覆水难收：若反悔，双倍退

招式要诀

若反悔，双倍退，指"定金"一旦支付，若支付定金一方拒绝履行债务，致使合同目的无法实现，则定金不予退还；若接收定金一方拒绝履行债务，致使合同目的无法实现，则双倍返还定金。

商道演义

第九回　含沙射影二狗泄愤
　　　　推杯换盏大钱吞声[1]

鸡窝巷的店长言辞冒犯了王二狗，王二狗一拳挥向店长，这店长也不是个吃素的，两人就打起来了。

店员见状，一方面赶紧拉架，另一方面赶紧打郑大钱的电话让领导来主持大局。

---

[1]改编自《韩非子·外储说左上》郑人买履。

郑大钱一进门,就大喝一声:"住手!都想吃牢饭是不?小李、小张你们把他俩送回去。"

只见王二狗额头上擦破了皮,往出渗着血,店长的鼻子也流着血,抹了一脸,两人脸红脖子粗,誓要将对方置于死地。忽然听到郑大钱一声怒吼,两人都停下了撕扯和争吵,在众人的拉扯下各自回了家。

王二狗途中一直想店长说的话,癞蛤蟆想吃天鹅肉,这是不是郑大钱的意思,除了郑大钱也没别人了,王二狗越想越气,自己天天给郑大钱当牛做马,结果人家说自己是癞蛤蟆想吃天鹅肉,之前以为郑大钱是伯乐,自己是千里马,终究是错付了。

第二天是公司的年会,郑大钱怕再生事端,就让店长和王二狗都在家休息。王二狗心里有气,非得要来,来了之后一个劲地喝闷酒,喝多了就没头没脑地乱讲:"我说这个郑家人呐,这个……这个……他从骨子里信的东西就跟正常人不一样,比如说郑人买履,他想买鞋子,先用尺码测量好自己的脚,等到了集市,却忘了带尺码,于是跑回家去取尺码,等他再返回的时候,集市已经散了,最终没有买到鞋子。这种人呐,嗨,宁可相信量好的尺码,也不相信自己的脚……"

同事都知道王二狗是在泄私愤,讲郑人买履,暗指郑大钱宁可相信亲戚,也不相信王二狗。一时也没人敢接话。

这时,郑大钱正在绕着圈地敬酒,刚好转到王二狗这一桌,听到了王二狗讲郑人买履的故事,心里已经明白了七八分。郑大钱端着酒杯对王二狗说道:"狗子,你大错特错啦!相信尺码,是制度管理的典范,强调的是法治,不是人治!知音阁不是我郑大钱一个人的知音阁,是大家的知音阁,公司管理要以制度为先,不能是我郑大钱一个说了算!以后我们完善公司各项规章制度,以制度管人,让知音阁开遍全中国!"

郑大钱话音一落,一桌人全部站起来叫好,与郑大钱碰杯。郑大钱的高明之处就在于能从任何一个角度切入话题,化解尴尬,同时还能发表一段豪言壮语,不失时机地调动大家的积极性。在这方面王二狗自叹不如。

刚放下酒杯,一个同事就抢着说:"郑总说得好!这个买鞋的人肯定没在咱们知音阁干过,要是接受了知音阁的培训啊,他肯定会在回家取尺码之前给卖鞋的商贩付定金的,如果是10块钱的鞋子,他付上个5块钱定金再回家拿尺码,就不会买不到鞋子啦。"说完哈哈大笑。一桌人都跟着哈哈大笑,不知道是在嘲笑郑人买履,还是嘲笑生活。

郑大钱说完俯身对王二狗悄悄地说:"明天晚上来我家,你嫂子给你炖了肉,小丹也在呢。"说完拍拍王二狗的肩膀,继续下一桌了。王二狗不知道癞蛤蟆能不能吃上天鹅肉,一时心动又犹豫,不知道去了又会发生什么事。

演义拆解

一、卖鞋人收到5块钱定金后,如不能履行交付鞋子的义务,应双倍返还定金

《民法典》第587条规定:收受定金的一方不履行债务或者履行债务不符合约定,致使不能实现合同目的的,应当双倍返还定金。既然卖鞋人收了郑国人5块钱定金,就应当把这双鞋子卖给郑国人。若卖鞋人将鞋子卖给他人,导致郑国人的合同目的无法实现,根据上述法律规定,卖鞋人应双倍返还定金。

二、郑国人交付定金数额(5块钱)高于合同总标的额(10块钱)的20%,双倍定金罚则应以20%(2块钱)为限

《民法典》第586规定:定金的数额由当事人约定;但是,不得超过主合同标的额的百分之二十,超过部分不产生定金的效力。鞋子总价值为10块钱,郑国人交了5块钱的定金,超过了合同标的额的20%,故郑国人只能要求卖鞋人按照2块钱双倍返还,即4块钱。同时,另外3块钱相当于预付款,亦应返还,卖鞋人总共应返还郑国人7块钱(4+3=7)。

攻防招式

覆水难收,语出《后汉书·何进传》:"国家之事易可容易?覆水不收,宜深思之。"意思是倒在地上的水难以收回,比喻事情已成定局,难以挽回。

该招式在合同攻防术中为"防"式,意指定金一旦支付,就覆水难收,告诫人们在支付或收取定金时一定要深思熟虑。

签合同是为了履行合同,为了让说定的事、签订的合同顺利地履行下去,人们想了很多办法,比如设定违约金、提供抵押担保等,但最有效的,莫过于设置定金条款。

一旦支付了"定金"款项,若支付定金一方拒绝履行债务,致使合同目的无法实现,则定金不予退还;若接收定金一方拒绝履行债务,致使合同目的无法实现,则双倍返还定金,这就是"定金罚则"。

支付了定金,就像泼出去了水,再也难以收回,故本招式取名覆水难收,旨在告诫交易双方,有定金条款的合同须严格履行,不可根本违约,否则将适用定金罚则。

定金制度是一项古老的制度,对促使交易的顺利进行起到了不可或缺的作用,商业交易当中经常使用定金条款,在运用定金制度时,需要注意以下几点。

一、定金数额不得超过主合同标的额的20%

定金的数额必须约定在主合同标的额的20%以内,超过20%的部分视为预付款,不适用定金罚则。

实际交付的定金数额多于或者少于约定数额的,视为变更约定的定金数额,定金数额以实际支付为准。当实际交付定金数额与合同约定不一致时,最好在交付定金时保留下相应书面证据,以便就实际交付金额主张定金罚则时有充足证据。

二、定金合同自实际交付定金时成立

定金合同自实际交付定金时成立,合同约定了定金条款但未实际支付定金款项的,不适用定金罚则。

三、违约行为致使合同目的无法实现是定金罚则适用的前提

一般迟延履行合同的行为,若不构成根本性违约,不适用定金罚则。定金罚则的适用前提是"致使合同目的无法实现",即根本违约。

一方出现轻微违约就运用定金罚则,给违约一方强加极为沉重的经济负担,也不利于其继续履行合同,并且与法律上的诚实信用原则相悖。由于定金罚则体现了对违约一方当事人的制裁,运用这种制裁会给违约一方经济上带来极为不利的后果。如果认为任何违约,哪怕是轻微的违约都要运用定金罚则,那么将会导致定金罚则的滥用。对于不完全履行行为来说,只有在这些违约行为构成根本违约,使当事人缔约目的不能实现的情况下才能运用定金罚则。

四、"定金"与"订金"

现实商业活动中,我们经常会看到诸如"留置金、担保金、保证金、订约金、押金、订金、承诺金、预留费"等有别于"定金"的名称,这些名称均不能适用定金罚则。

但这些名称的存在有一定的现实意义,比如商品房买卖中,开发商会要求与购房人签订"认购书",同时交纳一笔"订金",约定如果购房人交款后反悔不买房屋,开发商不退还订金。但是,如果开发商因为各种原因最终决定不出售房屋给购房人,开发商的责任仅限于无息退还所收"订金"或"诚意金",这样就最大限度地保障了开发商的权利,如果约定收取的是定金,开发商反悔须双倍返还定金。也就是说,当事人约定收取什么

名称的款项都是可以的,只不过,如果收取的是"定金",就必须按照定金的法律规定处理。如果收取的是其他名义的款项,就按双方约定来处理。

收取定金的一方,在对方违约时固然有权没收定金;但如果收款方自己违约,就必须双倍返还定金。换言之,定金罚则是一把"双刃剑",在约束对方的同时也绑住了自己。

因此,站在不同的立场,就会决定使用不同的名称,不要一味见到"订金"就修订为"定金",而是应该将注意力集中在"订金"的设计用途上。

五、"定金"与"违约金"

当事人既约定违约金,又约定定金的,一方违约时,对方可以选择适用违约金或者定金条款,若实际损失小于或等于定金或违约金金额,则不能同时适用。

合同实务中,一些强势方在拟订合同时,为了防止对方违约,喜欢在合同当中将定金、违约金、赔偿金等所有惩罚措施一股脑儿地都写上,但其实无论是立法还是司法实践,都不大支持同时追索上述各种罚则。

总之,定金条款虽小,却是合同当中最常见和重要的担保手段和条款之一,支付定金会有覆水难收的风险,须慎之又慎。

招式依据

《民法典》关于定金条款的规定

第五百八十六条　当事人可以约定一方向对方给付定金作为债权的担保。定金合同自实际交付定金时成立。

定金的数额由当事人约定;但是,不得超过主合同标的额的百分之二十,超过部分不产生定金的效力。实际交付的定金数额多于或者少于约定数额的,视为变更约定的定金数额。

第五百八十七条　债务人履行债务的,定金应当抵作价款或者收回。给付定金的一方不履行债务或者履行债务不符合约定,致使不能实现合同目的的,无权请求返还定金;收受定金的一方不履行债务或者履行债务不符合约定,致使不能实现合同目的的,应当双倍返还定金。

第五百八十八条　当事人既约定违约金,又约定定金的,一方违约时,对方可以选择适用违约金或者定金条款。

定金不足以弥补一方违约造成的损失的,对方可以请求赔偿超过定金数额的损失。

第十式

金蝉脱壳：盯期限，防脱保

招式要诀

盯期限，防脱保，是指保证人承担保证责任是有期限规定的，债权人与保证人可以约定保证期间；没有约定或者约定不明确的，保证期间为主债务履行期限届满之日起六个月，债权人未在保证期间内主张权利的，保证人不再承担保证责任。

商道演义

第十回　拢人心大钱宴二狗　　　筹借款郑彪做担保

王二狗以为郑大钱说他癞蛤蟆想吃天鹅肉，因此对郑大钱耿耿于怀，又接到郑大钱家宴的邀约，一时举棋不定，不知是计谋还是自己误会了郑大钱。

管他呢，实践是检验真理的唯一标准，去了再说。想到这里，王二狗敲开了郑大钱的家门。

"谁啊?"郑小丹清脆的声音飘来,王二狗顿时心跳加速。

随即门打开,一位娇俏的美女站在门边,正是郑小丹。"狗哥哥,你的头怎么了?"

王二狗结结巴巴道:"出了点小事,不妨事,不妨事。"

"狗哥哥,快进来凉快,你看你脸好红啊,像——"

"像什么?"王二狗眼神里充满了疑问。

"哈哈,像我妈妈刚煮熟的大虾一样——哈哈哈——"郑小丹说完便跑向房间里。

"我呸——"王二狗举起手佯装吓唬郑小丹,郑小丹边跑边做鬼脸。

"小丹,一点礼貌都没有。"郑大钱一边责备着小丹,一边招呼王二狗坐下,看着王二狗额头上包扎的伤口,郑大钱关切地问:"好点了吗?"

王二狗摆摆手说道:"嗨,过去的事就别提了。"

郑大钱说:"我这个亲戚啊,从小就娇生惯养,我已经狠狠地训了他一顿,让他以后不要来上班了。今天请你到家里,主要是要给你赔个不是,那天当着那么多人的面凶了你俩,其实主要是凶我那不争气的亲戚,你不要往心里去啊。"

王二狗本就不在意这个,听了郑大钱的解释赶忙道:"哪里,哪里,我这个人翻篇快,过去的事就过去了,也怪我,都是我太冲动。"

说话间,饭已经端上桌了,郑大钱打开一瓶酒,给王二狗倒上一杯,正准备说话,突然听到"咚,咚,咚"的敲门声。郑小丹起身开门,只见郑彪的头探了进来,露出惊讶的表情叫道:"吆,狗子今天也在啊。"

郑大钱是郑彪的大伯,郑彪也无需客气,自己给自己张罗坐好后,几人寒暄着喝了几杯。

席间,郑彪说道:"大伯,之前是我年少不懂事,今后不会再胡来了。

最近我接了鸡窝巷的店铺,打算继续开一家金店,这次一定先办证后经营,再也不干违法乱纪的事了。"

三人都是千年的狐狸,郑大钱不等郑彪说完心里已经明白了郑彪的来意。

王二狗也看出了郑彪的意思,心里盘算着,彪子为人仗义,上次自己买金银制品的钱彪子出狱后就退还给自己了。另外彪子之前积累的人脉还在,这生意今后肯定也差不了,不如自己做个顺水人情,说不定还有意外收获呢。

郑彪接着道:"大伯,我还差点资金。"

"还差多少?"王二狗冒了出来。

"大约还得15万。"郑彪边说边用手比画着。

王二狗入职知音阁后兢兢业业,总共存了10万多,还差5万元。

王二狗不等郑大钱回答,对着郑大钱道:"郑哥,你借我5万元,我按月息2分付息,我这还有一些钱,我凑个整数到时候给彪子,你这家大业大,需要资金的地方也多,就把这个借钱的机会留给我吧。"

王二狗说完不等郑大钱回复,就对着郑彪说:"彪子,你同意不?郑哥这钱你得当个保证人。"

郑彪连着点了点头,表示没有任何异议。

郑彪既然开口,郑大钱肯定不会拒绝,不过就是借多借少的事情,听王二狗说完,郑大钱看看郑彪,发现他也没啥异样,就道:"行啊。"

王二狗是个急性子,说好的事情立马就做,随即让郑小丹拿来纸笔,写了张借条:

借　条

今借郑大钱人民币伍万元整,月息2分。

　　　　　　　　　　　　借款人:王二狗

　　　　　　　　　　　　某年某月某日

写完后把笔和纸递给郑彪,郑彪在空白处写道:"见证人:郑彪。"郑小丹看了一眼,说道:"彪哥,你又不是律师,你见什么证啊?应该是保证人,不是见证人!"

"哦,哦,没文化,真可怕。"郑彪一边自嘲,一边忙画掉刚写的字,重新写道:"保证人:郑彪"。

"哥,是'连带责任保证人',不是'保证人',没有'连带责任'四个字的话,就是一般保证,一般保证人有先诉抗辩权。"郑小丹叽里呱啦一顿解释。

王二狗和郑彪不明就里,反正小丹让怎么就怎么写呗,郑彪在"保证人"前面又加了四个字"连带责任",落款签上日期,交给了郑大钱。

郑大钱让王二狗把银行卡号也写到上面,方便转账,王二狗正在书写,突然郑大钱的手机响起,只听电话那头急促道:"郑总,不好了,催债那边出事了……"

演义拆解

一、当事人在保证合同中对保证方式没有约定或者约定不明确的,按照一般保证承担保证责任

《民法典》第686条规定:保证的方式包括一般保证和连带责任保证。当事人在保证合同中对保证方式没有约定或者约定不明确的,按照一般保证承担保证责任。郑彪在借条上只写"保证人:郑彪"的情况下,郑彪承担的是一般保证责任。郑彪书写"连带责任保证人:郑彪"的情况下,郑彪承担的是连带责任保证。

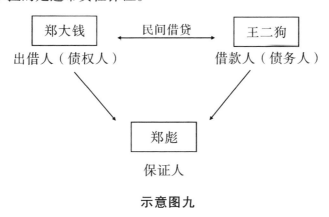

示意图九

二、连带责任保证与一般保证的根本区别是有无"先诉抗辩权"

所谓先诉抗辩权,是指在主合同纠纷未经审判或者仲裁,并就债务人财产依法强制执行仍不能履行债务前,保证人对债权人可以拒绝承担保证责任。其原理是,保证合同是主债权债务合同的从合同,是对主债权进行的担保。因此,该债务首先应当由主债务人自己履行,只有在主债务人不履行到期债务或者发生当事人约定的情形时,保证人才应当履行债务或者承担责任。

保证担保按照保证方式分为一般保证和连带责任保证。

一般保证是指:当事人在保证合同中约定,债务人不能履行债务时,由保证人承担保证责任。

连带责任保证是指:当事人在保证合同中约定保证人和债务人对债务承担连带责任。连带责任保证的债务人不履行到期债务或者发生当事人约定的情形时,债权人可以请求债务人履行债务,也可以请求保证人在其保证范围内承担保证责任。

简单来讲,一般保证,只有当债务人不履行到期债务时,除了《民法典》第687条规定的四种特殊情形(详见本节"攻防依据")之外,债权人只能先请求债务人履行债务,而不能直接请求保证人承担保证责任。只有当主合同纠纷经审判或仲裁,并就债务人财产依法强制执行仍不能履行债务时,债权人才能要求保证人承担保证责任。此种情况下,要先找债务人主张债权,债务人不能履行时才能找保证人。

而连带责任保证,只要债务履行期届满债务人没有履行债务,债权人既可以要求债务人履行债务,也可以直接要求保证人承担担保责任,无需"债务人不能履行债务"的前提,两者最大的区别为是否享有先诉抗辩权。

表6 一般保证和连带责任保证的区别与联系

区别/联系	类别	一般保证	连带责任保证
区别	适用情况	债务人不能履行	债权人可以在债务人和保证人中任意选择
	先诉抗辩权	有	无
	先后顺序	债务人在先,保证人在后	无
联系	当事人在保证合同中对保证方式没有约定或者约定不明确的,按照一般保证承担保证责任		

如果郑彪在借条上只签了"保证人"三个字,没有写明是一般保证人还是连带责任保证人,在这种情况下,应当认定是一般保证人。此时郑彪享有先诉抗辩权,即:只有郑大钱在起诉王二狗,并强制执行王二狗个人资产后,仍然不能偿还借款后,郑大钱才能要求郑彪承担保证责任。

三、郑大钱应在借款期限届满之日起6个月内向郑彪主张权利,否则郑大钱不能再要求郑彪承担保证责任

《民法典》第692条规定:债权人与保证人可以约定保证期间,没有约定或者约定不明确的,保证期间为主债务履行期限届满之日起六个月。本案借条中未对郑彪的保证期间进行约定,郑彪的保证期间为借款期限届满之日起6个月,借款期限为半年,故郑大钱应当在借款期限届满之日起6个月内向郑彪主张权利,否则,郑彪不再承担保证责任,俗称"脱保"。

攻防招式

金蝉脱壳,本意是蝉在蜕变时,本体脱离皮壳而走,只留下蝉蜕还挂

在枝头,后比喻制造或利用假象脱身,使对方不能及时发觉,或比喻事物发生根本性的变化。

该招式在合同攻防术中为"防"式,主要是告诫债权人,要紧盯保证期间,防止保证人脱保。

在保证合同中,保证人最惯用的招式就是金蝉脱壳。保证合同里明明约定了保证责任,但债权人向保证人主张权利时才发现,已经过了保证期间,保证人不再承担保证责任了,一招"金蟾脱壳"让债权人无所适从。

作为债权人,找一个保证人提供担保,就是多拉一个"垫背的",但是要让保证人在法律上起到真正的"垫背"作用,须在保证规则上下足功夫,防止金蝉脱壳。

一、保证期间建议约定为"主债务履行期限届满之日起三年"

债权人与保证人可以约定保证期间,但是约定的保证期间早于主债务履行期限或者与主债务履行期限同时届满的,视为没有约定;没有约定或者约定不明确的,保证期间为主债务履行期限届满之日起 6 个月。债权人未在保证期间对债务人主张权利的,保证人不再承担保证责任。

表 7 关于保证期间的规定

序号	合同约定的保证期间	法律规定的保证期间
1	合同没有约定	主债务履行期限届满之日起 6 个月
2	合同约定不明确	
3	早于主债务履行期限	
4	与主债务履行期限同时届满	
5	直至主债务本息还清时为止	
6	长于主债务履行期限届满之日起 6 个月	从其约定

因此,对于债权人,在保证合同中要对保证期间进行明确约定,可以约定一个较长的期间,保证期间建议写"保证期间为主债务履行期限届满之日起三年",这样就和诉讼时效一致了,便于主张权利。但不要在保证合同约定"保证人承担保证责任直至主债务本息还清时为止"等类似内容,以免被法院认定为约定不明。

二、保证合同中务必写明"连带保证"字样,否则视为一般保证,对实现债权不利

当事人在保证合同中对保证方式没有约定或者约定不明确的,按照一般保证承担保证责任。连带责任保证中,债权人可以单独起诉债务人,也可以单独起诉保证人,或者两者一并起诉要求偿还债务,无先后顺序。而一般保证中,只有债务人依法被强制执行仍不能履行债务时,保证人才担责。一般保证方式不利于债权的实现。

三、务必在保证期间内主张权利

一般保证的债权人要在保证期间对债务人提起诉讼或者申请仲裁;连带责任保证的债权人要在保证期间请求保证人承担保证责任,否则债权人不能再要求保证人承担保证责任。

四、审查保证人的主体资格

《公司法》[①]第 15 条规定,公司向其他企业投资或者为他人提供担保,按照公司章程的规定,由董事会或者股东会决议;公司章程对投资或者担保的总额及单项投资或者担保的数额有限额规定的,不得超过规定的限额。

公司为公司股东或者实际控制人提供担保的,应当经股东会决议。

[①]《公司法》2023 年 12 月 29 日修订,2024 年 7 月 1 日施行。

前款规定的股东或者受前款规定的实际控制人支配的股东,不得参加前款规定事项的表决。该项表决由出席会议的其他股东所持表决权的过半数通过。

因此,如果保证人是企业法人,务必要求其出具股东同意公司进行担保的"股东会决议",避免出现公司担保行为无效的情形。

机关法人不得为保证人,但是经国务院批准为使用外国政府或者国际经济组织贷款进行转贷的除外。以公益为目的的非营利法人、非法人组织不得为保证人。

招式依据

《民法典》关于保证的规定

1. 一般保证

第六百八十六条 保证的方式包括一般保证和连带责任保证。

当事人在保证合同中对保证方式没有约定或者约定不明确的,按照一般保证承担保证责任。

第六百八十七条 当事人在保证合同中约定,债务人不能履行债务时,由保证人承担保证责任的,为一般保证。

一般保证的保证人在主合同纠纷未经审判或者仲裁,并就债务人财产依法强制执行仍不能履行债务前,有权拒绝向债权人承担保证责任,但是有下列情形之一的除外:

(一)债务人下落不明,且无财产可供执行;

(二)人民法院已经受理债务人破产案件;

(三)债权人有证据证明债务人的财产不足以履行全部债务或者丧失履行债务能力;

（四）保证人书面表示放弃本款规定的权利。

2. 连带责任保证

第六百八十八条　当事人在保证合同中约定保证人和债务人对债务承担连带责任的,为连带责任保证。

连带责任保证的债务人不履行到期债务或者发生当事人约定的情形时,债权人可以请求债务人履行债务,也可以请求保证人在其保证范围内承担保证责任。

3. 保证期间

第六百九十二条　保证期间是确定保证人承担保证责任的期间,不发生中止、中断和延长。

债权人与保证人可以约定保证期间,但是约定的保证期间早于主债务履行期限或者与主债务履行期限同时届满的,视为没有约定;没有约定或者约定不明确的,保证期间为主债务履行期限届满之日起六个月。

债权人与债务人对主债务履行期限没有约定或者约定不明确的,保证期间自债权人请求债务人履行债务的宽限期届满之日起计算。

第六百九十三条　一般保证的债权人未在保证期间对债务人提起诉讼或者申请仲裁的,保证人不再承担保证责任。

连带责任保证的债权人未在保证期间请求保证人承担保证责任的,保证人不再承担保证责任。

第十一式
按部就班：办登记，交质物

招式要诀

办登记，交质物，是指不动产抵押合同签订后，应立即办理抵押登记手续，抵押权自登记时设立；质押合同签订后，应将质押财产转移占有，质权自出质人交付质押财产时设立。

商道演义

第十一回　郑彪操刀有惊无险
　　　　　　二狗试车乐极生悲

郑大钱正与王二狗、郑彪等人一起在家吃饭喝酒，突然公司业务员打来电话，告知郑大钱催款遇见黑社会了，不仅不给钱而且把知音阁的店员扣留了。

王二狗和郑彪在电话里也听了七七八八，郑彪随口问："哪家KTV？我过去看看。"

郑大钱知道郑彪在社会上有点关系，随即说了KTV的名字，这种事情他也不便出面,就让王二狗和郑彪一起去处理了,一再叮嘱他们不要惹是生非,不要打架。

郑彪途中打了几个电话,不多时,计程车已经到KTV门口,王二狗就看见四五辆面包车拉满了人,手里都带着家伙什。王二狗第一次见这场面,有点怵怵的。

郑彪魁梧身躯大步流星走在前面冲进KTV,KTV的员工见势不妙,赶紧找来了经理。

"彪哥,来这里也不提前给兄弟打声招呼。"经理老远就张开双臂,迎接郑彪。

"你这臭小子,怎么会在这?"郑彪和经理结实拥抱后,郑彪问道。

"哎,这世道钱不好挣了,胡混呢!彪哥,今天什么风把你吹到了这里?"经理问道。

"实不相瞒,知音阁老板是我伯。"郑彪道。

"哎呀,大水冲了龙王庙啦,都是自己人。散啦散啦,让兄弟们都喝酒去吧,今晚算我的。"经理豪气地说罢让店员领着其他兄弟去了包间,经理、郑彪和王二狗三人一起进茶室,叙旧去了。

郑彪为人仗义,早年经营金银制品,因其人品过硬,结识了一帮兄弟,后因非法经营金银制品被抓进去后,也不乱攀咬人,反而收获了一批真情实意的兄弟们。至此,便出现了"哥已经不在江湖,但江湖上一直存在哥的传说"这一现象。

由于郑彪的这层关系,经理也不好再压着知音阁的货款了,就对郑彪说:"彪哥,最近手头真是没有现钱,兄弟门口停了一辆桑塔纳,前两天刚在4S店买的,首付3万多是我掏的,贷款4万多。我欠叔2万元的货款,你让叔把车开走,1个月内我要是没还钱,这车就归叔了。你跟叔说声。"

郑彪给郑大钱打了个电话汇报后,随即经理要来纸和笔,打了个条子:

欠　条

本人欠郑大钱货款2万元,自愿将桑塔纳轿车质押给郑大钱,如果1个月内没有还清欠款,轿车归郑大钱所有。

×××

经理把条子给郑彪后,让服务员带着王二狗出去看车。

王二狗绕车一圈,车的外观状况良好,坐进车里,踩了几脚油门,发动机轰隆的声音勾起了王二狗试驾的兴趣,王二狗在街上呼啸而过,感觉自己飞上天了。

正所谓乐极生悲,王二狗喝了酒,又是生车,一个不小心,车子撞到了路边的电线杆,还360度旋转翻进道路边的水渠。

经理和郑彪闻讯赶来,大家都隐瞒了酒驾的事。郑彪将王二狗送去医院,经理将车辆送到维修厂,万幸的是,王二狗就是一点皮外伤,身体并无大碍。

过了一星期左右,经理捎过话来,说修车费花了2万多,修理厂现在押着不放车。让郑大钱拿个主意。

郑大钱了解事情原委后,左思右想:不要车吧,维修费还得掏,KTV的2万元货款也没有着落;要车吧,这是泡水车,维修费也少不了,还要倒贴钱。真是哑巴吃黄连,有苦说不出,想来想去没个主意。

正左右为难的时候,王二狗闯进郑大钱的办公室,神情轻松地说道:

"郑总,修理厂费用我已经谈下来了,1万出头就能搞定。我这几天因为这件事都没睡好觉,想来想去,这事因我而起,不行这车我拿了,各方面都能搁得住。"

郑大钱问:"怎么个拿法?"

王二狗眼睛一挑道:"最好是郑总也出点血喽,你看,您是老板,我是员工,车出事故责任对半,修车费咱俩一人一半。这个车呢现在是个泡水车,您大人大量,2万元卖给我,剩下的车贷我还,这样您的贷款结清了,我也落了一车辆,我给咱拼命地工作,怎么样?"

王二狗说着,给郑大钱递过去一根烟点上。郑大钱抽烟思忖了一会儿,道:"算啦,修车费不管多少,由知音阁公司承担,不管咋样,那天你也是办的公事。另外车就按照你说的处理吧。"

王二狗心底涌出一股暖流,立刻给郑大钱深深地鞠了一躬,真诚地对郑大钱道:"谢谢郑总。"

王二狗都快走出郑大钱的办公室时,又杀了个回马枪,贼兮兮地凑到郑大钱面前道:"郑总,我还有一个想法……"

演义拆解

一、经理、郑大钱、4S店、维修厂四者之间的法律关系分析

1. 经理与4S店之间,形成抵押关系

经理是抵押人,4S店是抵押权人,抵押物是车。

抵押,是指将不动产或动产不转移财产占有关系,以登记或合同方式设立抵押权,其中不动产抵押权自登记时设立,动产抵押权自抵押合同生效时设立。

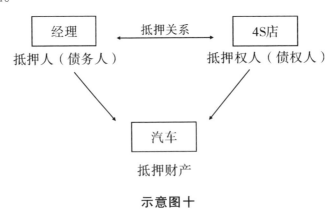

示意图十

2. 经理与郑大钱之间,形成质押关系

经理是出质人,郑大钱是质权人,质押财产是车。

质押,是指将动产或财产权利以交付或登记的方式设立质权,其中动产质权自交付质押财产时设立,权利质权自办理出质登记时设立。

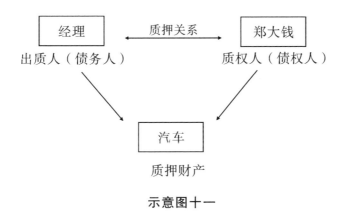

示意图十一

3. 维修厂与郑大钱之间,形成留置关系

维修厂是留置权人,郑大钱是债务人,留置财产是车。

留置,是指基于保管合同、运输合同、加工承揽合同等依法占有债务人的动产,债务人不履行到期债务,债权人可以留置已经合法占有的动产,并有权就该动产优先受偿。

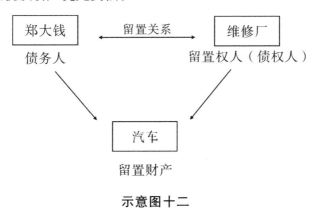

示意图十二

以上三种担保权利中,4S店是车辆的抵押权人、郑大钱是质权人、维修厂是留置权人,这三人都对车辆享有优先受偿权,到底谁更优先呢?

二、优先受偿权排序

假设这辆泡水的车没人收购,那么车辆拍卖后所得的价款应该由谁优先受偿呢？我们来打一场擂台赛，比较一下抵押权、质权、留置权的优先受偿权顺序。

第一回合:4S店抵押权 VS 郑大钱质权。

《民法典》第415条规定,同一财产既设立抵押权又设立质权的,拍卖、变卖该财产所得的价款按照登记、交付的时间先后确定清偿顺序。据此规定,4S店的抵押权设立在先,郑大钱的质权设立在后,故:4S店抵押权＞郑大钱质权。

第二回合:4S店抵押权 VS 维修厂留置权。

《民法典》第456条规定,同一动产上已经设立抵押权或者质权,该动产又被留置的,留置权人优先受偿。留置权是优先权中"王炸"般的存在,优先于抵押权和质权！故:维修厂留置权＞4S店抵押权＞郑大钱质权。

两场擂台打下来,结果已经了然,这辆桑塔纳轿车的优先受偿先后顺序应为:维修厂留置权＞4S店抵押权＞郑大钱质权。

因此,如果这辆桑塔纳轿车最终被拍卖,拍卖所得的价款,首先用来归还维修厂的维修费;若有剩余,再归还4S店的按揭贷款;若还有剩余,才能轮到偿还郑大钱的货款。

三、"流质(流押)条款"无效

需要说明的是,郑大钱虽然与经理约定"如果1个月内没有还清欠款,轿车归郑大钱所有",但是这并不能得到法律的支持,学理上将该约定称为"流质条款",如1个月期满后未还清欠款,郑大钱并不能依据该约定直接取得车辆所有权,只能依法就车辆拍卖,变卖所得价款优先受偿。

攻防招式

按部就班,语出晋·陆机《文赋》:"然后选义案部,考辞就班。"后人由此提炼出成语"按部就班"。意思是按照一定的步骤、顺序进行。

该招式在合同攻防术中为"攻"式,意思是在涉及抵押和质押等物权担保时,应办理相关登记手续和交付手续,确保抵押权和质权不存在瑕疵。

担保制度的本质,是经济社会的"连坐"制度,保证是人的"连坐",抵押、质押是物的"连坐"(优先权),也叫物权担保。

按部就班攻防招式之实务操作建议如下。

一、签订抵押合同后,务必立即办理登记手续

仅有抵押合同而未办理抵押登记,将可能导致不享有抵押权或者抵押权不能对抗他人在抵押物上设定的权利。不必要的拖延和耽搁将可能使权利劣后于已经办理抵押登记手续的其他债权人。

二、动产质押确保交付

动产质押一定要确保实际转移并控制质物;如有监管人,一定要由质权人(而不是出质人)委托并实际控制、监管到位,进行检查监督。否则,质权不设立。

三、不动产抵押的,重点关注不动产登记簿的记载内容

抵押登记时,一定注意核实不动产登记簿的记载与抵押合同约定是否一致。否则抵押财产、被担保的债权范围等事项根据登记簿记载事项确定。

四、务必在抵押合同中约定,并在抵押登记中载明:禁止转让抵押物

抵押合同中一定要约定,并在抵押登记中载明"禁止转让抵押财

产",否则抵押人违反约定转让抵押财产,抵押财产已经交付或者登记的,抵押权人很可能无权追回抵押财产。

五、第三人提供担保的,约定第三人放弃担保顺位权

同一债权,既有债务人自己提供的物的担保,又有第三人提供的担保,一定要让第三人放弃担保顺位权。否则担保物权人只能先就债务人自己提供的物的担保受偿,然后才能向第三人主张担保权利。

六、担保人为企业法人的,务必要求其出具同意担保的股东会决议

企业法人提供抵押或质押担保的,一定审慎审查核验并留存公司章程、股东会(或董事会)召开通知、会议记录、签到表、决议等文件,并要求出具公司同意担保的股东会(或董事会,以章程约定为准)决议,避免出现公司担保行为不发生效力的风险。

招式依据

《民法典》关于担保物权的相关规定

1. 抵押

第三百九十四条　为担保债务的履行,债务人或者第三人不转移财产的占有,将该财产抵押给债权人的,债务人不履行到期债务或者发生当事人约定的实现抵押权的情形,债权人有权就该财产优先受偿。

前款规定的债务人或者第三人为抵押人,债权人为抵押权人,提供担保的财产为抵押财产。

第四百零二条　以本法第三百九十五条第一款第一项至第三项规定(具体指:建筑物和其他土地附着物、建设用地使用权、海域使用权)的财产或者第五项规定的正在建造的建筑物抵押的,应当办理抵押登记。抵押权自登记时设立。

第四百零三条　以动产抵押的,抵押权自抵押合同生效时设立;未经登记,不得对抗善意第三人。

2. **质押**

第四百二十五条　为担保债务的履行,债务人或者第三人将其动产出质给债权人占有的,债务人不履行到期债务或者发生当事人约定的实现质权的情形,债权人有权就该动产优先受偿。

前款规定的债务人或者第三人为出质人,债权人为质权人,交付的动产为质押财产。

第四百二十九条　质权自出质人交付质押财产时设立。

3. **留置**

第四百四十七条　债务人不履行到期债务,债权人可以留置已经合法占有的债务人的动产,并有权就该动产优先受偿。

前款规定的债权人为留置权人,占有的动产为留置财产。

第十二式
有言在先:说丑话,要适度

招式要诀

说丑话,要适度,指洽谈违约责任条款时,双方要开诚布公,把丑话说到前面。但违约责任应以损失为基础,如约定的违约责任过分高于或低于实际损失,可请求法院进行调整。

商道演义

第十二回　王二狗调整违约金
　　　　　郑大钱求助法学生①

王二狗和郑大钱谈完车的事之后,凑到郑大钱耳边悄悄地说:"郑总,我还有一个想法,你看,咱们最近一直都在催款,我仔细想了一下,归根结底是合同出了问题。"

---

① 改编自《如何认定违约金过高及调整标准》(载于人民法院网 2013 年 5 月 10 日案例点评,作者郑淑梅)。

郑大钱眼神示意王二狗继续说下去。

"如果我们把逾期付款的违约金定高一点,这样就对一些恶意欠款的客户有了威慑力,如果他胆敢拖欠,我和彪子联手,来个连本带息驴打滚,也会是个不错的营生。"

"如果违约金定得过高,客户不签订合同怎么办?这样反而得不偿失了。"郑大钱问道。

王二狗辩解道:"事是死的,人是活的嘛,要是有客户提出违约金过高,我们就把违约金的标准修改下,要是不提出来,那岂不是更好?而且客户一般都不看合同违约条款。"

王二狗说着从口袋里摸出一根烟,给郑大钱点上,继续道:"我最近总结出了一套催款大法,有激将法、哭穷法、撒泼法、耍横法、双簧法、碰瓷法、软磨硬泡法、红白脸交替法等,我准备在公司搞一个培训,专门针对拖欠货款的客户,照人下菜碟,一套催款组合拳下来,我相信没有几个人能扛得住!"

王二狗越说越兴奋,从包里翻出合同和计算器,指着合同条款对郑大钱说:"郑总,你看,这个合同的违约条款约定:如需方逾期付款,应以欠付款项为基数,按日计千分之三向供方支付违约金。到今天为止,这客户欠咱们货款 381000 元,都拖欠两年了,按照合同约定日计千分之三的违约金标准,违约金为 $381000 \times 3‰ \times 730 = 834390$ 元。本金 38 万元,违约金 80 万,什么概念!比本金的 2 倍还高!"

郑大钱心里觉得不妥,但是又说不出来哪里有问题,就对二狗说:"小丹学法的,我让小丹过来听下这个想法。"说着便让秘书通知郑小丹到办公室来。

王二狗听见郑小丹要来,心里有一丝不自在,在郑大钱不经意间,对着郑大钱后面的褐色玻璃橱柜整理了下发型,再看看自己的着装是否有不妥之处。

不一会儿郑小丹就来了,一进门就问郑大钱:"爸爸,你找我?诶,狗哥哥你也在,今天没外出拜访客户吗?"

王二狗满面笑容地跟郑小丹寒暄了几句,郑大钱就进入正题,让王二狗把刚才的想法再说一遍,不等王二狗说完合同的违约金,郑小丹先哈哈大笑起来,王二狗一时丈二和尚摸不着头脑,郑大钱也注视着小丹,等待下文。

"做什么春秋大美梦呢!法院怎么可能支持千分之三的违约金啊,你们也不想想,日计千分之三是什么概念,换算年利率是108%,现在的LPR知道是多少吗?4%左右,你这违约金是LPR的27倍啊,黑社会放高利贷也不带这么干的。"郑小丹边说边笑弯了腰。

这话说完王二狗的热血感觉像凝固了一样,盛夏的中午,王二狗却感到丝丝冷意,王二狗眼底闪过一丝狠劲,不服输地说:"打官司是没有办法的办法,我有催款大法,这事压根就走不到法院那一步!"

王二狗的神情逃不过郑大钱的法眼,郑大钱郑重道:"二狗,诚信经营,口碑为王,我们做的是正经八百的生意,不是黑社会组织,这事今后就不要再提了。"

郑大钱这话说得斩钉截铁,不留一丝余地,王二狗没办法往下接了。正在这时,郑大钱的私人电话响了:"喂,老婆,房子塌了?人没伤着吧……"

演义拆解

一、违约金约定过分高于实际损失,客户可请求法院调低违约金

《民法典》第585条第二款规定,约定的违约金过分高于造成的损失的,人民法院或者仲裁机构可以根据当事人的请求予以适当减少。

《民法典合同编通则解释》第65条规定,当事人主张约定的违约金过分高于违约造成的损失,请求予以适当减少的,人民法院应当以因违约所造成的损失为基础,兼顾合同主体、交易类型、合同的履行情况、当事人的过错程度、履约背景等因素,遵循公平原则和诚信原则进行衡量,并作出裁判。约定的违约金超过造成损失的30%的,人民法院一般可以认定为过分高于造成的损失。

本案中,合同约定违约金为每日千分之三,而"知音阁"的损失为垫资成本,违约金按照每日千分之三计算的话,约等于一年期LPR(全国银行间同业拆借中心公布的贷款市场报价利率)的27倍,明显过分高于实际损失,故法院可以根据客户的请求适当减少违约金。

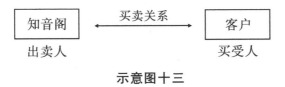

示意图十三

二、违约金以实际损失为基础,本案违约金可参照"一年期LPR上浮30%—50%"确定

《民法典》第584条规定,当事人一方不履行合同义务或者履行合同义务不符合约定,造成对方损失的,损失赔偿额应当相当于因违约所造成的损失,包括合同履行后可以获得的利益。

《最高人民法院关于审理买卖合同纠纷案件适用法律问题的解释》第18条规定,买卖合同没有约定逾期付款违约金或者该违约金的计算方法,出卖人以买受人违约为由主张赔偿逾期付款损失,违约行为发生在2019年8月20日之后的,人民法院可以违约行为发生时中国人民银行授权全国银行间同业拆借中心公布的一年期贷款市场报价利率(LPR)标准为基础,加计30%—50%计算逾期付款损失。

法院在认定约定违约金是否过高时,一般以损失为基础进行判断,一般情况下,违约金兼顾合同履行情况、当事人过错程度以及预期利益等因素综合确定,以全国银行间同业拆借中心公布的一年期贷款市场报价利率(LPR)为基础上浮30%—50%计算。

攻防招式

有言在先,语出明·冯梦龙《醒世恒言》卷二十二:"他有言在先,你今日不须惊怕。"意思是有话说在头里,指事先打了招呼。

该招式在合同攻防术中为"攻"式,意思是双方签合同时要明确约定违约责任,保障合同顺利履行。

保证合同正常履行的有力措施就是丑话说前面,做到有言在先。

合同中的违约责任条款就是典型的"丑话",违约责任条款是保证如果"人"(合作方)没了,可能还有"钱"(违约金)的条款。如果说权利义务条款是一份合同最核心的条款,那么违约责任条款就是确保合同相对方完全履行约定的义务、保障己方权利的必备条款。

如果合同中不约定违约责任条款或者约定的违约条款没有实际意义,势必让先前已经约定的条款变成一纸空义。

实践中,很多当事人碍于情面,不好意思在合同中加入违约责任条款,或者违约责任条款设置得过于笼统、简单,只是象征意义的表达,实际上并不具备可操作性。

对合同违约金条款的设置,要根据当事人的合同主体地位、合同的交易结构以及合同重要性程度等因素综合考量,没有固定的方程式和套路。俗话说,"兵无常势,水无常形",本着争取最大合法权益、促成交易并保障合同正常履行的原则,在设置违约条款时,应灵活运用有言在先之攻防招式,该招式的操作建议如下。

一、违约事项的考量要尽可能周全

在合同履行的过程中,己方的权利均存在可能被侵犯的风险,对方的义务亦均存在其不履行的风险,上述两个方面需要在违约条款中全面覆盖。

二、违约责任的触发要件要清晰准确

违约责任的触发要件是要求对方承担违约责任的前提,该前提条件必须清晰准确、具有可操作性且文字上不存在歧义,否则在适用时必将发生争议。而且守约方在合同未明确约定的情况下贸然在合同应付款中扣减违约金,或将面临未足额支付合同款项而承担违约责任的风险。

三、违约责任务必明确、细化,且违约金数额设定宜"就高不就低"

不要使用笼统的表述,如"赔偿损失""承担相应责任"以及"由此产生的一切责任由其承担"等,应当在归责的基础上将责任承担种类及数量尽可能量化。例如"支付以合同总金额为基数每日万分之五的利息","赔偿金额根据某某标准计算的实际损失为准","发生某某行为时,支付违约金10万元"。

《民法典》规定,违约责任应以损失为基础,如约定的违约责任过分高于或低于实际损失,可请求法院进行调整,但人都有趋利避害的风险意识,双方订立合同时,设置金额较高的违约金条款,可以起到震慑作用,让对方在违约时有所忌惮,最终促进合同顺利履行。因此,违约金数额设定宜"就高不就低"。

四、选择合理的违约金计算方式[①]

违约金的设置,应根据不同的情况,选择适用"按日计算""按一定比例计算"和"按固定金额计算"。

---

① 改编自公众号"高云合同"文章《合同审查进阶攻略:违约金设置标准与条款审核要点》,2022年1月5日,作者杨威。

1. 按日计算

对于逾期类的违约行为,如逾期付款、逾期交货或逾期完工,按日计算违约金较为合理。

2. 按一定比例计算

对于合同相对方有重大违约的情形,按合同总金额的一定比例计算违约金比较合理。常见的是在合同一方因合同相对方重大违约而单方解除合同时采用,比如"违约方出现此种行为的,守约方有权单方解除合同,并要求违约方按合同金额的10%支付违约金"。

3. 按固定金额计算

对于合同总额较小,按日比例计算的违约金过低的情形,按固定数额计算违约金较为合理。比如,总价5万元的采购合同,如约定逾期交货的按每日万分之三的标准支付违约金,则这种违约金条款对卖方没有任何威慑力,若改为"支付违约金5000元"更具有实际意义。

五、违约条款的表述示例

1. 迟延履行合同义务的表述

违约责任:任一方迟延履行合同义务的,视为违约,经守约方书面催告后仍不履行的,应自履行期限届满之日起,每逾期一日按照合同总标的额万分之五的标准承担违约责任。

2. 严重违反合同约定的表述

违约责任:合同履行过程中,任一方出现下列情形的,视为严重违约,守约方有权要求违约方支付合同总标的额30%的违约金,违约金不足以赔偿守约方损失的,违约方应另行补足。

3. 合同目的无法实现的表述

违约责任:合同履行过程中,因违约方的违约行为致使合同目的无法实现的,守约方除有权要求违约方承担相应违约责任外,还有权随时单方解除本合同,并要求违约方对由此产生的全部损失承担赔偿责任,损失的范围包括但不限于守约方支出的律师费、案件受理费、鉴定费、保全费、财产保全担保费、交通食宿费等。

招式依据

《民法典》关于违约金的规定

1. 违约金以损失为基础

第五百八十四条　当事人一方不履行合同义务或者履行合同义务不符合约定,造成对方损失的,损失赔偿额应当相当于因违约所造成的损失,包括合同履行后可以获得的利益;但是,不得超过违约一方订立合同时预见到或者应当预见到的因违约可能造成的损失。

2. 违约金的调整

第五百八十五条　当事人可以约定一方违约时应当根据违约情况向对方支付一定数额的违约金,也可以约定因违约产生的损失赔偿额的计算方法。

约定的违约金低于造成的损失的,人民法院或者仲裁机构可以根据当事人的请求予以增加;约定的违约金过分高于造成的损失的,人民法院或者仲裁机构可以根据当事人的请求予以适当减少。

当事人就迟延履行约定违约金的,违约方支付违约金后,还应当履行债务。

第十三式
以逸待劳：选管辖，宜便利

招式要诀

选管辖，宜便利，是指在签订合同时，要对争议解决方式进行约定，争议解决方式有仲裁裁决和法院诉讼两种，合同中可以预先约定发生争议时由法院诉讼解决或仲裁裁决；如果选择法院诉讼，须选择与争议有实际联系的地点的人民法院管辖，但不能违反专属管辖和级别管辖的规定。

商道演义

第十三回　建新房工头拟合同
　　　　　选管辖大钱犯糊涂

王二狗与郑大钱关于催款大法发生争议，两人一时无话。

郑大钱的私人电话响起来："喂，老婆，房子塌了？人没伤着吧？好好好，我现在回去……"

原来是郑大钱的丈母娘出事了，夏季连着十几天下雨，郑大钱的丈母娘自家建的房子西墙倒塌了,亏得老太太闲来无事与几位麻友搓麻将碰巧不在家,这才避免了祸事。

郑大钱小两口打拼事业,两人无暇照顾郑小丹,郑小丹小时候与外婆一起在农村长大,等到郑小丹懂事后才与家人团聚。因而郑小丹与外婆感情极深,郑小丹一听这事,直接催郑大钱携一家妻小回老家。

郑大钱回老家一看,老家宅地基比邻家低,最近雨水过多,导致西墙全部倾斜倒塌了,这房子已经没办法住人了。

老人家就一个女儿,前几年老伴走了,郑大钱的媳妇怕老人家孤单,专门邀请老人家上城里居住,谁知老人家就住了一天,说什么也不住了,后来听邻居大娘说,老人家说城里的房子就跟鸟笼一样,把人都分隔开,没人情味儿,自此,不管谁人怎么劝都再不踏入城里一步。

三人好说歹说,将老太太接到城里住,晚上,郑大钱跟媳妇商量,既然老太太喜欢住老家,干脆把老房子全部推倒,重新建一栋小洋楼,这样自己晚年也有个好去处。媳妇一听,自然乐意,还专门拿出这几年藏的私房钱,作为专项资金支持。

郑大钱要建房子,最忙的当然是王二狗,他跑前跑后地张罗,事无巨细地安排,比给自己家建房子还上心,王二狗俨然把自己想象成了郑大钱的乘龙快婿,有时候入戏太深,也不知道是谁骗了谁。

包工头是王二狗介绍的,给郑大钱友情价,郑大钱基于王二狗的关系以及超低价格,想都没想就同意了。第二天,包工头带来了一份制式的施工合同,一边填写着内容,一边讲解着施工方案,小嘴叭叭的,令郑大钱频频点头。

合同填到第 20 条时,包工头说:"这个条款没啥实际意义,删了吧。"郑大钱凑过来一看,条文如下:

20.4 仲裁或诉讼

因合同及合同有关事项发生的争议,按下列第　种方式解决:

(1)向_____仲裁委员会申请仲裁。

(2)向_____人民法院起诉。

"别删,选第(2)项,填无名城人民法院,我们的销售合同都是这么写的。"郑大钱说道。毕竟在商场中摸爬滚打这么多年,郑大钱也积累了一些诉讼经验,知道左右一场官司的因素有很多,其中"在哪个法院打官司"这件事就很重要,无名城是他的根据地,各种人脉关系都在这里,选无名城人民法院是对自己最有利的。

签完合同,郑大钱选了良辰吉日,备足烟花礼炮,欢天喜地地开工了,村里的人都夸老人家有个好女婿,享不完的福,心里默默骂自己不争气的儿子以及没出息的女婿,连带着老伴都越看越不顺眼了。

开工没几天,包工头就跑过来找郑大钱抱怨,说什么工人难找啊,材料涨价啊,图纸设计啊,租赁机械设备啊,哪哪都得花钱,让郑大钱先预支10万元,让工程先动起来。

郑大钱被缠得没办法,把媳妇给的5万元私房钱拿出来,打发走了包工头。钱给后,郑大钱左等右等不见工人,包工头也联系不上了,再一打听,这人根本不是什么包工头,就是一骗子,钱到手后,早都消失得无影无踪了。

郑大钱做生意以来,还从来没被这么欺辱过,又因这次是在丈母娘家被骗,感觉就像被人当众扇了一巴掌那么难堪,恨从心头起,怒自胆边生,径直向派出所报案。结果派出所认为是经济纠纷,不构成诈骗,不予立案。

这点钱对郑大钱来说是小事,但是在老家丢了人这才是大事。郑大钱又一纸诉状告到无名城人民法院,不料无名城法院却不立案,给出的理由是:施工合同约定由无名城法院管辖违反了《民事诉讼法》关于专属管辖的规定,约定无效,本案是因不动产纠纷提起的诉讼,应当由不动产所在地人民法院管辖。

折腾了一圈,还得到丈母娘老家的县城法院去告,郑大钱不蒸馒头争口气,拿着材料就去县城法院起诉。

演义拆解

一、双方约定发生争议向无名城人民法院起诉,系协议管辖

《民事诉讼法》第35条规定,合同或者其他财产权益纠纷的当事人可以书面协议选择被告住所地、合同履行地、合同签订地、原告住所地、标的物所在地等与争议有实际联系的地点的人民法院管辖,但不得违反本法对级别管辖和专属管辖的规定。

郑大钱的经常居住地在无名城,无名城系与争议有实际联系的地点,合同中约定发生争议向无名城人民法院起诉,属于协议管辖。

二、协议管辖不得违反专属管辖的规定

根据《民事诉讼法》上述规定,协议管辖不得违反专属管辖的规定,《民事诉讼法》第34条规定,因不动产纠纷提起的诉讼,由不动产所在地人民法院管辖,该规定系专属管辖。建设工程施工合同纠纷按不动产纠纷确定管辖,郑大钱与包工头签订的合同是建设工程施工合同,应适用专属管辖的规定,由工程所在地人民法院管辖。双方关于由无名城人民法院管辖的约定无效,本案应由工程所在地人民法院管辖。

攻防招式

以逸待劳,语出《孙子·军争》:"以近待远,以佚待劳,以饱待饥,此治力者也。"特指在作战时采取守势,养精蓄锐,待敌军疲劳时出击取胜。

该招式在合同攻防术中为"攻"式,意思是在合同中约定争议解决方式时,要选择离自己比较近且比较熟悉的法院或仲裁机构。

以逸待劳之战术,运用在合同争议解决条款中,再贴切不过了,说到底,争议解决条款之管辖到底为什么重要?

要说明这个问题,记好两点就好:

第一叫成本,假如一个内蒙古人跑到海南去参加诉讼,费不费钱?当然费钱,来往路费就不少,光交通成本就够受的。

第二叫结果,我们国家的法制还不完善,所以每个地方诉讼流程都有不同,这些都会影响处理的时间和结果。比如一个追讨欠款的案件,在本地的法院也许半个月就能立案,换去异地可能就是好几个月,你说久不久?况且,从沟通的角度讲,是本地的法官更好沟通,还是对方所在地法官更好沟通?答案是显而易见的。

《兵法》有言"天时、地利、人和,三者不得,虽胜有殃"。你看看体育比赛都知道主场的选手往往占有一定的优势。那么,打官司就像是一场竞技比赛,如何选择对自己有利的争议解决方式呢?

一、仲裁裁决

1. 选择仲裁裁决好处:效率高、保密性好

仲裁能充分体现当事人的自愿,当事人可以自愿选择仲裁机构的构成、仲裁程序、仲裁范围、法律适用;仲裁程序相对简单,效率更高,可不开庭;仲裁的保密性好,不公开审理,不允许旁听,不会将争议事项泄露给外界;仲裁相对温和,当事人小范围内解决争议,为继续合作留下可能。

2. 选择仲裁裁决弊端:成本高、缺乏监督机制

仲裁相比诉讼也有诸多弊端,比如,仲裁一裁终局,缺乏有效的二审纠错或再审监督机制;仲裁成本较高;仲裁透明度不高;仲裁机构不隶属行政机关,权威性不如法院;仲裁员自由度过高、制约有限等。

二、法院诉讼

1. 选择法院诉讼的好处：成本低、救济途径广、透明度高

法院诉讼相对于仲裁裁决而言，诉讼费收费低；选择法院诉讼，一审宣判后，任何一方不服都可以上诉，对二审结果不服，还可以再审，再审结束还可以抗诉，法院诉讼的救济途径很广阔，再加上法院是公开开庭审理，透明度相对较高。

2. 选择法院诉讼的弊端：时间长、程序复杂

如前所述，法院诉讼在保障救济途径的同时，也就意味着法院诉讼存在时间冗长、程序复杂的弊端，一个案子要经历一审、二审、再审、抗诉等程序，少则一两年，多则四五年时间。

表8 "法院诉讼"和"仲裁裁决"的区别

序号	项目	法院诉讼	仲裁裁决
1	收费	较低	较高
2	审级	两审终审	一裁终局
3	是否公开	公开案情和裁决	不公开案情和裁决
4	审判人员	法院指定	当事人选定

三、"以逸待劳"攻防术之实务操作建议[①]

1. 仲裁机构的名称一定要写全称

选择仲裁裁决的处理方式时，一定要将仲裁委员会的"全称"一字不落地填写清楚，切不可掉字、写简称。不要只约定某地的仲裁机构，因为该地方可能没有仲裁机构，也可能有多个，当事人如果对仲裁条款约定不

[①] 改编自公众号"法天使"文章《争议解决条款：关于仲裁与诉讼管辖之间的选择》2023年3月18日。

清楚的,有可能导致仲裁裁决的约定无效。

2. 尽量选择己方所在地法院

选择法院诉讼处理方式时,选择己方所在地的法院,无论是成本还是结果,都会更有利于自己。

3. 可以通过合同签订地的方式创设管辖法院

如果确实需要某个法院来审理,可以在合同起草时即创设与该法院相关联的条件,比如明确合同的签订地就是在该法院辖区所在地等。

4. 设定原告所在地法院管辖更有利于达成交易

双方磋商合同,就管辖问题争执不下时,可以约定"由原告所在地(或被告所在地)人民法院管辖",这样对双方都公平,更有利于交易的达成。

5. 涉及保密的、不想公开披露的交易,建议选择仲裁裁决

例如特许经营合同、股权转让合同等涉及技术秘密、商业经营信息的合同,艺人与经纪公司、电竞俱乐部与选手之间的经济纠纷等对商誉、声誉高度重视的行业纠纷。

6. 大批量的交易合同(特别是小额、消费类),建议选择仲裁裁决

因为仲裁收费较高,最低收费也要数千元,这就使得消费者知难而退,而这正是经营者的目的。以1000元为标的,中国国际经济贸易仲裁委员会的收费为6100元,北京仲裁委员会的收费为17000元。这种做法当然是不值得提倡的,而且有可能被认定无效。但从经营者的角度看,可能有一定实际效果。

7. 专属管辖地点对我方不利时,可选择仲裁裁决

例如,《民事诉讼法》第33条第1款规定的"不动产纠纷",不能约定其他法院管辖。因此当事人如果不愿意选择"不动产所在地法院管辖",

就只能约定仲裁裁决。

8. 在与合同相对方实力相差悬殊时,优先选择法院管辖

首先,在仲裁程序中,可由当事人约定仲裁庭的组成方式并自主选定或者委托指定仲裁员,而法院诉讼当事人不能选择审判庭的组成方式和审判员。显然仲裁员的选择对案件的裁决至关重要。另外,仲裁一裁终局,不存在上诉或再审,这就意味着如果当事人对仲裁结果不满意,只能向法院寻求救济,但是法院在审查时大多仅就仲裁程序问题进行审查,鲜有涉及实体内容部分,当事人如果想维护自己的权利颇为困难。对比之下,我国法院诉讼实行两审终审制,当事人不服法院判决可以上诉或者申诉。因此选择法院管辖对于较为弱势一方的当事人更为有利。

招式依据

《民事诉讼法》关于争议解决的规定

1."原告就被告"原则

第二十二条 对公民提起的民事诉讼,由被告住所地人民法院管辖;被告住所地与经常居住地不一致的,由经常居住地人民法院管辖。

对法人或者其他组织提起的民事诉讼,由被告住所地人民法院管辖。

同一诉讼的几个被告住所地、经常居住地在两个以上人民法院辖区的,各该人民法院都有管辖权。

2. 协议管辖

第三十五条 合同或者其他财产权益纠纷的当事人可以书面协议选择被告住所地、合同履行地、合同签订地、原告住所地、标的物所在地等与争议有实际联系的地点的人民法院管辖,但不得违反本法对级别管辖和专属管辖的规定。

3. 专属管辖

第三十四条 下列案件,由本条规定的人民法院专属管辖:

(一)因不动产纠纷提起的诉讼,由不动产所在地人民法院管辖;

(二)因港口作业中发生纠纷提起的诉讼,由港口所在地人民法院管辖;

(三)因继承遗产纠纷提起的诉讼,由被继承人死亡时住所地或者主要遗产所在地人民法院管辖。

第三篇

合同履行

第十四式
步步为营：有行动，必留痕

招式要诀

有行动，必留痕，是指在合同履行过程中要时刻注意留存证据，凡是涉及交易的关键环节，比如付款、交货、质量、验收等，应留存书面证据材料。

商道演义

第十四回　输官司兄弟生嫌隙
　　　　　无遮拦二狗讽大钱①

郑大钱被包工头骗钱后，只能去丈母娘老家立案打官司，因郑大钱向包工头给付的是现金且没有收条，无法证明款项已经给付，面临败诉风

---

① 改编自《张仪诳楚》(载于《资治通鉴》第三卷)。

险,法院驳回了郑大钱的诉请。

郑大钱盖房包工头跑路这件事立即成为村里人茶余饭后的笑谈,官司输了不说,村里人越传越离谱,说是因为郑大钱不给钱,包工头才罢工,这让郑大钱的威望、个人名誉在老家遭受重创。

郑大钱经此一役,更加爱惜自己的羽毛,但这并不妨碍他从心底厌弃这一切变故的源头——王二狗。郑大钱不可否认王二狗给公司业绩提升做出了重大贡献,但是王二狗年轻、莽撞,这亦是职场大忌。郑大钱认为王二狗该受到点教训了。

有了这个念头的郑大钱慢慢将王二狗的职权收回,建房的事也不让王二狗参与,公司重要的事情也不再交予王二狗办理,职场的人都嗅觉灵敏,眼见王二狗渐渐"失势",也就原形毕露了,大家没事也拿王二狗"有名无实"打趣。

人世间从来不缺少轶事,知音阁亦如是。这日,知音阁的同事邀约王二狗喝酒畅谈,酒过三巡,不等同事提起话头,王二狗就红着脖子,敲着桌子反问:"知道楚怀王是怎么死的吗?"

大伙起哄,王二狗顿时站起来道:"是笨死的!秦国的张仪跑去给楚怀王说,只要楚国跟齐国断交,秦国就送600里土地给楚国。楚怀王犯了傻病,居然信以为真,专门派人去齐国辱骂齐王,骂得那叫个狠啊,终于给骂绝交了。然后你们猜怎么着?"

"楚怀王派人去找张仪要600里土地,张仪说,你听错了吧,什么600里,我说的是6里地好不好!你们说世上还有比楚怀王更傻的人吗?哈哈哈……"王二狗手中的杯中酒撒了一桌。

王二狗扬起手,拍了一下桌子继续说道:"有!就是我们的郑总,包工头给郑总说,给我10万元,我给你盖房子,结果给了5万元,包工头拿钱跑了,就这么简单。历史总是惊人的相似,楚怀王一生气,发兵去攻打秦国,结果打输了;我们的郑总怒发冲冠,去告包工头,结果也输啦……"

王二狗轻蔑地说道:"什么叫人傻钱多?非得要用现金付款,还不听劝告,现在没有证据官司输了,屎盆子往别人头上乱扣,不但傻,还坏!"

不负众望的王二狗满足了大家的猎奇心,但是他忘了,世界上没有不透风的墙,迟早有一天郑大钱都会知道。果不其然,这话一传十,十传百,传来传去,越传越离谱,最终变成了另一个版本:郑大钱的老婆被包工头骗财骗色。

真是奇耻大辱!郑大钱莫名其妙被戴上了绿帽子,像吃了苍蝇一样恶心,把王二狗恨得牙痒痒。

第三篇 合同履行

演义拆解

一、土地使用权转让应当签订书面合同

《民法典》第348条规定,通过招标、拍卖、协议等出让方式设立建设用地使用权的,当事人应当采用书面形式订立建设用地使用权出让合同。

秦王和楚王分别系秦国和楚国的法定代表人,秦王委扎张仪与楚王达成商於600里土地使用权(注:在当时的历史背景下,土地都可以看成是国君个人的私有财产,但我国法律规定土地的所有权只能是国有或者集体所有,故此处用土地使用权举例)转让的口头协议,应视为楚国与秦国达成了土地使用权转让的口头合同,双方未签订书面的土地使用权转让合同。

二、秦国和楚国虽未签订书面合同,但楚国履行了合同主要义务,秦国予以接受,应认定楚国与秦国之间的土地使用权转让合同成立

《民法典》第490条第二款规定,法律、行政法规规定或者当事人约定合同应当采用书面形式订立,当事人未采用书面形式但是一方已经履行主要义务,对方接受时,该合同成立。

楚王派人辱骂齐王,并与齐王断交,履行了其"断交"的主要义务,秦王的目的已经达成,齐秦两国结盟,应视为秦国接受了"齐楚断交"的事实。故应当认定楚国与秦国之间的土地使用权转让合同成立。

三、楚国应对争议的土地面积承担举证责任,楚国不能证明的,承担不利的法律后果

《民事诉讼法》第67条规定,当事人对自己提出的主张,有责任提供证据。楚国主张秦国向其交付商於600里土地,秦国否认该事实,并提出抗辩,同意移交6里土地,根据"谁主张,谁举证"的举证规则,楚国应对商於土地的面积是 600 里还是 6 里承担举证责任,在法院作出判决前,楚国未能提供证据证明拟移交商於土地面积是 600 里的,由楚国承担不利的后果。

综上所述,楚国没有证据证明秦国应向其移交商於土地的面积是 600 里,故楚国通过法律途径解决纠纷,将面临败诉的法律风险。

攻防招式

步步为营,语出明·罗贯中《三国演义》第七十一回:"可激劝士卒,拔寨前进,步步为营,诱渊来战而擒之。"指军队每向前推进一步就设下一道营垒,形容进军谨慎。也比喻行动、办事谨慎。

该招式在合同攻防术中为"攻"式,意思是在合同履行过程中,每走一步,都要留下痕迹,保存合同履行的证据,最好是书面证据。

日常生活和经济交往中一定要增强"证据意识",合同履行过程中要及时固定证据,每推进一步,都要留存书面的记录,做到步步为营。购物索要发票、做买卖签订合同、借款让对方打欠条,分家析产、遗产分割要立下字据,甚至结婚前还可以办理"婚前财产公证"。不要什么事都是君子协定,一旦发生纠纷,口说无凭,吃亏的往往是自己。

当发生合同纠纷时,如果一方不能拿出有力的证据对己方的观点进行佐证,那就很可能面临败诉风险。因此在合同履行过程中,合同双方都应当谨慎细致地做好证据收集和留存工作,以备不时之需。

说到底,什么是证据?

证据是指能够证明案件真实情况的事实材料。法律规定当事人对自己提出的诉讼请求所依据的事实或者反驳对方诉讼请求所依据的事实,应当提供证据加以证明。法律规定证据主要有当事人的陈述、书证、物证、视听资料、电子数据、证人证言、鉴定意见、勘验笔录等。以上证据必须查证属实,才能作为认定事实的依据。

打官司打的是证据。步步为营之攻防招式旨在指导当事人如何搜集证据材料,实务操作建议如下。

一、留存合同履行人员的身份及授权资料

合同履行过程中应收集合同履行人员的身份信息及授权信息。尤其是货物接收人、验收人、结算人等,因为这些人是对方的普通员工,一旦发生争议,如果无法证明具体执行的员工是经授权的履职人员,对方则很可能会借此机会拒绝承认货物的交付。

二、留存交易往来资料

交易过程中,只要是涉及合同履行的内容,一定要想办法用有效的方式固定证据。证据的类型不仅限于书面交易合同,还包括转账凭证、发票、送货单、签收单、微信聊天记录、电子邮件、录音视频、证人证言等。

三、留存视听资料证据的原始载体

微信聊天记录、录音、录像等应保留好存储该信息的原始载体,就是最开始存储的电子设备不能丢失,且应保证信息未剪接、剪辑或者伪造,前后紧密连接,内容未被篡改。

四、能转账,不现金

交易中尽量避免现金交易,涉及付款的,应通过银行转账方式履行。建议在转账的同时注明转账的用途,如标明"某某货款"等。

五、单位出具的证明材料,应当有"两人一章"

"两人一章"是指:单位向人民法院提出的证明材料,应当由单位负责人及制作证明材料的人员签名或者盖章,并加盖单位印章。人民法院

就单位出具的证明材料,可以向单位及制作证明材料的人员进行调查核实。

六、邮寄送达文件优先选用邮政 EMS 特快专递

在我国,信件寄递业务由邮政企业专营,中国邮政是唯一具备寄递信函资格的主体。送达文件时,建议采用邮政 EMS 特快专递邮寄。

填写寄送单据时,在备注处明确邮寄的文件内容及数量,如"某某(事由)通知函一份",在投递完成后需妥善保管回单,并及时跟踪查询投递情况,在显示对方签收后要将查询结果截图留存。

招式依据

《最高人民法院关于民事诉讼证据的若干规定》(2019 修正)关于证据收集的规定

第十条 下列事实,当事人无须举证证明:

(一)自然规律以及定理、定律;

(二)众所周知的事实;

(三)根据法律规定推定的事实;

(四)根据已知的事实和日常生活经验法则推定出的另一事实;

(五)已为仲裁机构的生效裁决所确认的事实;

(六)已为人民法院发生法律效力的裁判所确认的基本事实;

(七)已为有效公证文书所证明的事实。

前款第二项至第五项事实,当事人有相反证据足以反驳的除外;第六项、第七项事实,当事人有相反证据足以推翻的除外。

第十一条 当事人向人民法院提供证据,应当提供原件或者原物。如需自己保存证据原件、原物或者提供原件、原物确有困难的,可以提供经人民法院核对无异的复制件或者复制品。

第八十七条 审判人员对单一证据可以从下列方面进行审核认定：

（一）证据是否为原件、原物，复制件、复制品与原件、原物是否相符；

（二）证据与本案事实是否相关；

（三）证据的形式、来源是否符合法律规定；

（四）证据的内容是否真实；

（五）证人或者提供证据的人与当事人有无利害关系。

第八十八条 审判人员对案件的全部证据，应当从各证据与案件事实的关联程度、各证据之间的联系等方面进行综合审查判断。

第九十条 下列证据不能单独作为认定案件事实的根据：

（一）当事人的陈述；

（二）无民事行为能力人或者限制民事行为能力人所作的与其年龄、智力状况或者精神健康状况不相当的证言；

（三）与一方当事人或者其代理人有利害关系的证人陈述的证言；

（四）存有疑点的视听资料、电子数据；

（五）无法与原件、原物核对的复制件、复制品。

第十五式
拾遗补阙：先补充，后惯例

招式要诀

先补充，后惯例，是指合同履行过程中，如果出现双方没有约定或者约定不明确的情形，可以达成补充协议；不能达成补充协议的，则按照合同相关条款或者交易习惯确定；仍然无法确定的，按照法律规定履行。

商道演义

第十五回　大卡车秒变小三轮
　　　　　郑大钱痛斥王二狗

郑大钱因为给丈母娘建房子，赔了钱，输了官司，还被传言戴了绿帽子，真是赔了夫人又折兵，一股脑的气全撒在了王二狗身上。

上次包工头跑路后，郑大钱把建房子的工程承包给了自己老家的一个亲戚，也算知根知底，这亲戚是个老实人，给郑大钱省了不少心。

一天下午，郑大钱正准备找事敲打敲打王二狗，突然接到亲戚包工头打来的电话,说砂石价格上涨了,原来说好的砂石一吨45元,现在涨到了56元,合同是王二狗签的,合同约定供应砂石三车,单价45元/吨,但没有写用什么型号的车,正常情况下拉砂石用的是大卡车,但是今天砂石厂老板用小型三轮车拉来了,这个量远远不够建房子,明显是价格上涨不想供货,钻空子坑人哩!

郑大钱一听又是王二狗办的好事,气不打一处来,让亲戚把砂石供货合同拍照用微信发过来,点开仔细看了一遍又一遍,合同中的确只约定了供应三车砂石,没有约定车辆的具体型号。

这个王二狗,是成心要害我呐。郑大钱嘴里嘟囔着,一个电话把王二狗叫到了办公室。

王二狗蹑手蹑脚地刚走进门,就被郑大钱劈头盖脸一顿臭骂。先翻旧账,从一些小事骂起,骂到最后,王二狗才听出来是因为砂石合同的事。一听说砂石厂老板是用小二轮车送的货,王二狗立刻暴怒。自诩精明一世的王二狗,不承想被一个小小砂石厂老板上了一课。

王二狗的脑子快速运转着,回忆起当时签合同的场景。包工头给王二狗评估了一下砂石的用量,伸出三根指头,说得三车货。王二狗明白,拉货的车,指的是村口老王家二儿子开的大卡车,村里人都用这辆车拉沙子。在跟砂石厂老板签合同时,王二狗也没有在意,就直接写了三车,因为拉沙子用老王家的大卡车是不言而喻的事,而且建农村房子的用沙量也差不多就是三大卡车,这都是大家心照不宣的事,王二狗觉得这事不会有争议。谁能想到,麻绳专挑细处断,问题就偏偏出在了这辆车上!

"我认为,法律应该是公正的,大家拉沙子用的都是老王家的大卡车,谁会用小三轮拉啊,那不得把人累死,这狗老板没诚信,看着沙子涨价了,就玩心眼,真是缺了大德了……"王二狗咬牙切齿地说。

"你呀,好好反省一下自己吧,凡事先从自己身上找原因!你坑我也不是一次两次了,我现在也搞不明白,到底是你的能力出了问题还是态度出了问题。"郑大钱这次是真的生气了。

"天地良心啊,郑总,我王二狗对天发誓,我绝对不是故意的!"王二狗急得额头上的青筋直跳,继续说道:"郑总,我咽不下这口气,这个官司我一定要打,就是打到最高院,我也要出这口气!"

郑大钱已经懒得说话了,叹了口气,摆了摆手,径直走出了办公室。

王二狗心里憋屈,给砂石厂老板打了几个电话老是占线,估计是已经被拉黑了,一怒之下将砂石厂老板告上了法庭,请求法院判决按照大卡车的标准供应沙子。为了打赢官司,王二狗走访了十几户曾经在砂石厂老板那买过沙子的村民,苦口婆心地请求他们出庭作证,证明他们用的车都是大卡车。

功夫不负有心人,在村民的一致证明下,砂石厂老板承认用大卡车拉沙子是村里的交易习惯,为了不失去商业信誉,双方达成了和解,砂石厂老板用大卡车拉了满满三车沙子送到工地上。

案子虽然结了,但谣言又一次离谱地传开了,不知是谁又添油加醋地说,砂石厂老板供给郑大钱的三车沙子比别人家的都装得满,因为郑大钱的老婆跟砂石厂老板有一腿。郑大钱听了,差点气吐血,跟王二狗的梁子越结越深,双方见面连招呼都不打了。

演义拆解

一、合同约定"供应三车砂石",系约定不明

"车"有很多种类型,不同类型的车装载的量不一样,合同约定"供应三车砂石",究竟使用什么样的车,合同没有约定,从合同词句的通常含义去理解,也无法得出一个确定的结论。这就出现了合同约定不明的问题,需要对约定不明的问题予以解决。

```
砂石厂  ←买卖关系→  王二狗
出卖人   3车砂石    买受人
```

示意图十四

二、合同约定不明,可以协议补充,不能达成补充协议的,按照合同相关条款或者交易习惯确定

《民法典》第510条规定,合同生效后,当事人就质量、价款或者报酬、履行地点等内容没有约定或者约定不明确的,可以协议补充;不能达成补充协议的,按照合同相关条款或者交易习惯确定。

王二狗与砂石厂老板达成砂石买卖合同,对于运输的车辆大小没有约定,双方产生争议。根据上述法律规定,双方可以协议补充,不能达成补充协议的,按照合同相关条款或者交易习惯确定。现在问题就落脚在交易习惯的证明上,王二狗主张用大卡车运输砂石,应提供证据证明双方的交易习惯是大卡车;砂石厂老板主张用小三轮车运输砂石,应提供证据证明双方的交易习惯是小三轮车。如任何一方不能举证证明,其主张将得不到法律的支持。

攻防招式

拾遗补阙,语出汉·司马迁《报任少卿书》:"次之又不能拾遗补阙,招贤进能。"意思是弥补疏漏或失误,补充旁人所遗漏的事物。

该招式在合同攻防术中为"攻"式,主要解决合同没有约定或约定不明的情况下,应当怎样去履行的问题。

俗话说"智者千虑,必有一失",在现实交易中,不能苛求每一份合同都约定得面面俱到,再完备的合同,难免会出现没有约定或者约定不明的情况。

合同的内容由当事人约定,一般包括下列条款:①当事人的姓名或者名称和住所;②标的;③数量;④质量;⑤价款或者报酬;⑥履行期限、地点和方式;⑦违约责任;⑧解决争议的方法。

其中,合同的标的和数量是合同的必备条款,需由当事人明确约定。当事人没有约定,或者约定不明确的,合同内容无法确定,合同不成立。

对于合同中的质量、价款、履行地点、履行方式、履行期限、履行费用未进行约定,或者约定不明确的,并不影响合同的成立。如果一份合同中,对一些履行条款没有约定或约定不明,就需要拾遗补阙。

拾遗补阙之攻防招式,按如下步骤操作:

第一步,双方协商,签订补充协议。

合同生效后,当事人就质量、价款或者报酬、履行地点等内容没有约定或者约定不明确的,可以通过签订补充协议的方式予以明确。

第二步,按照合同有关条款确定。

对于一些遗漏的约定,如果双方不能达成补充协议,应当通过合同上下文条款及相关类似的合同条款来确定,这就要求通读合同全文,找出意思相近的条款,运用基本常识进行推理确定。

第三步,按照交易习惯确定。

通读合同条款后,发现根本没有相关约定时,就要寻求交易习惯。所谓交易习惯,是指当事人之间在交易活动中的惯常做法。在交易行为当地或者某一领域、某一行业通常采用并为交易对方订立合同时所知道或者应当知道的做法亦为交易习惯。但这些交易习惯不得违反法律、行政法规的强制性规定且不违背公序良俗。对于交易习惯,由提出主张的当事人一方承担举证责任。

第四步,按照法律规定履行。

合同没有约定或约定不明,既不能达成补充协议,也无法通过合同的有关条款或者交易习惯确定的,应按照法律规定执行,常见的法律规定如下。

一、违约责任

对违约责任没有约定或者约定不明确的,受损害方根据标的的性质以及损失的大小,可以合理选择请求对方承担修理、重作、更换、退货、减少价款或者报酬等违约责任。

二、交付地点

当事人没有约定交付地点或者约定不明确的,适用下列规定:

①标的物需要运输的,出卖人应当将标的物交付给第一承运人以运交给买受人。

②标的物不需要运输,出卖人和买受人订立合同时知道标的物在某一地点的,出卖人应当在该地点交付标的物;不知道标的物在某一地点的,应当在出卖人订立合同时的营业地交付标的物。

三、标的物风险负担

当事人没有约定交付地点或者约定不明确的,出卖人将标的物交付给第一承运人后,标的物毁损、灭失的风险由买受人承担。

四、质量要求

质量要求不明确的,按照强制性国家标准履行;没有强制性国家标准的,按照推荐性国家标准履行;没有推荐性国家标准的,按照行业标准履行;没有国家标准、行业标准的,按照通常标准或者符合合同目的的特定标准履行。

五、价款或者报酬

价款或者报酬不明确的,按照订立合同时履行地的市场价格履行;依法应当执行政府定价或者政府指导价的,依照规定履行。

六、履行期限

履行期限不明确的,债务人可以随时履行,债权人也可以随时请求履行,但是应当给对方必要的准备时间。

七、借款利息

借款合同对支付利息没有约定的,视为没有利息。

借款合同对支付利息约定不明确,当事人不能达成补充协议的,按照当地或者当事人的交易方式、交易习惯、市场利率等因素确定利息;自然人之间借款的,视为没有利息。

八、借款利息支付期限

对支付利息的期限没有约定或者约定不明确的,借款期间不满一年的,应当在返还借款时一并支付;借款期间一年以上的,应当在每届满一年时支付,剩余期间不满一年的,应当在返还借款时一并支付。

九、租赁期限

当事人对租赁期限没有约定或者约定不明确的,视为不定期租赁;当事人可以随时解除合同,但是应当在合理期限之前通知对方。

十、中介人报酬

对中介人的报酬没有约定或者约定不明确的,根据中介人的劳务合理确定。因中介人提供订立合同的媒介服务而促成合同成立的,由该合同的当事人平均负担中介人的报酬。

招式依据

《民法典》关于合同未约定或约定不明如何补救的规定

第五百一十条 合同生效后,当事人就质量、价款或者报酬、履行地点等内容没有约定或者约定不明确的,可以协议补充;不能达成补充协议的,按照合同相关条款或者交易习惯确定。

第五百一十一条 当事人就有关合同内容约定不明确,依据前条规定仍不能确定的,适用下列规定:

(一)质量要求不明确的,按照强制性国家标准履行;没有强制性国家标准的,按照推荐性国家标准履行;没有推荐性国家标准的,按照行业标准履行;没有国家标准、行业标准的,按照通常标准或者符合合同目的的特定标准履行。

（二）价款或者报酬不明确的，按照订立合同时履行地的市场价格履行；依法应当执行政府定价或者政府指导价的，依照规定履行。

（三）履行地点不明确，给付货币的，在接受货币一方所在地履行；交付不动产的，在不动产所在地履行；其他标的，在履行义务一方所在地履行。

（四）履行期限不明确的，债务人可以随时履行，债权人也可以随时请求履行，但是应当给对方必要的准备时间。

（五）履行方式不明确的，按照有利于实现合同目的的方式履行。

（六）履行费用的负担不明确的，由履行义务一方负担；因债权人原因增加的履行费用，由债权人负担。

第三篇 合同履行

第十六式
见风使舵：有风险，可中止

招式要诀

有风险，可中止，是指合同履行过程中，如果发现对方有经营状况严重恶化、转移财产或抽逃资金以逃避债务、丧失商业信誉等可能丧失履约能力的情形，可中止履行合同。但应当拿到确切的证据，并及时通知对方。

商道演义

第十六回　逛商场小丹恋新人
　　　　　伫街头二狗别旧情①

王二狗一个人游荡在无名城的大街小巷，思考着自己的未来和前途。

掐指一算，自己入职知音阁已经三年多了，如果要说有什么收获的话，那就是积累了一些销售经验，拓展了音响行业的一些人脉；如果要说

---

①改编自《史记·廉颇蔺相如列传》。

有什么遗憾的话,那就是对小丹的感情一直割舍不下。

不知不觉间,王二狗走到了一家玉器店门口,猛然发现店里买玉的人有点像郑小丹,王二狗心想该不会是自己日思夜想着了心魔吧。再定睛一看,果然是郑小丹,旁边还有一男子,两人挽着胳膊正在挑选吊坠,心爱的小丹竟然挽着别的男人的胳膊!

眼前的一幕犹如晴天霹雳,王二狗愣住了,时间和空间仿佛凝固了一般,周围的人群和车辆化作斑斓的彩带,在王二狗的面前旋转,最终化作一个硕大的空心圆璧,定格在玉器店门口的电子屏幕上。王二狗呆若木鸡,痴痴伫立在街头,眼神空洞地盯着广告屏幕。

银屏上,蔺相如正举着和氏璧,怒发冲冠地对秦王说:"现在玉璧在我的手里,你如果一定要强迫我,那就让我的头颅和玉璧一起撞碎在这柱子上。"说完,举起玉璧对准柱子,秦王连忙赔礼道歉,蔺相如带回玉璧,让人偷偷地送回了赵国。五天过后,秦王在朝廷上举行了隆重的仪式,准备接收和氏璧。蔺相如从容地走上前对秦王说:"秦国自秦穆公以来,已历二十几位国君,可从没听说过哪位国君讲过信义。我担心受了您的骗,已派人把宝玉送回赵国了。就算我欺骗了大王,请大王治我的罪吧。"秦王和大臣们十分恼怒可又无可辩驳。屏幕上闪出四个大字"完璧归赵"。

这四个字的突然闪现,让王二狗回过了神,他猛然觉得自己浑身乏力,胡乱找了地方席地而坐,玉器店的大屏幕上一遍又一遍地切换着完璧归赵的动画:

秦王正在给赵王写信,说愿意用十五座城来交换和氏璧,赵王收信后派蔺相如带着璧去秦国,秦王拿着璧爱不释手,丝毫没有交换城池的意思。蔺相如见状,忙说这璧有点小瑕疵,要指给秦王看。璧一到手,蔺相如举着和氏璧,怒发冲冠地对秦王说:"现在玉璧在我的手里……"

王二狗瘫坐在街头,不知看了多少遍完璧归赵的动画,直到郑小丹挑选好吊坠,两人一起走出玉店,一起手牵手消失在茫茫人海中……

王二狗觉得心好像被什么揪住了一般,扯得生疼,"完璧归赵,呵,我都没有得到过,何谈'归赵',为何心里隐隐作痛呢,还没说出口的爱恋就这么死去了吗?"

王二狗突然想试试,他拔腿追了上去,郑小丹刚抬脚坐上汽车,车子一溜烟就跑起来,只留下一串汽车尾气。

突然王二狗就清醒过来了,自己哪来的本事去诉说爱恋呢?就现在这副样子吗?哀莫大于心死,王二狗迫切需要找个人喝酒,那就找郑彪吧。

俩人见面寒暄了两句,就直奔烧烤摊买醉去了,正喝到兴头上,突然一个五十多岁的大妈从后面走过来,揪住王二狗的耳朵破口大骂。

演义拆解

一、秦王与赵王达成以和氏璧换十五座城的双务合同

秦王首先向赵王发出愿意用十五座城交换和氏璧的要约,赵王收到要约后,以实际行为进行了承诺:派蔺相如带璧去秦国。《民法典》第483条规定,承诺生效时合同成立。至此,秦王与赵王达成了以和氏璧换十五座城的双务合同,合同内容为:赵国向秦国交付和氏璧,秦国向赵国交付十五座城池,等价交换。

```
┌──────┐   交付和氏璧    ┌──────┐
│ 赵国 │ ──────────────→ │ 秦国 │
│      │ ←────────────── │      │
└──────┘   割让十五座城池  └──────┘
```

示意图十五

二、秦国"丧失商业信誉",赵国有权中止履行

秦国自从秦穆公以来的二十多个国君,不曾有一个是坚守信约的国君,且有秦惠文王时期"张仪诳楚"的前车之鉴,现秦王拿到和氏璧后绝口不提以璧换城之事,有确切证据证明秦国已"丧失商业信誉",《民法典》第527规定,应当先履行债务的当事人,有确切证据证明对方丧失商业信誉,或有丧失或者可能丧失履行债务能力的其他情形的,可以中止履行。故赵国可以依法中止履行合同。

三、蔺相如中止履行合同后,及时通知秦国,秦国未能提供适当担保,蔺相如可以解除合同

蔺相如发现秦王没有割让城池的诚意,将和氏璧送回赵国后,在朝堂明确告知了自己的担忧和顾虑,履行了通知义务。《民法典》第528条规定,当事人依据前条规定中止履行的,应当及时通知对方。对方提供适当担保的,应当恢复履行。中止履行后,对方在合理期限内未恢复履行能力且未提供适当担保的,视为以自己的行为表明不履行主要债务,中止履行的一方可以解除合同并可以请求对方承担违约责任。秦国应当在合理的期限内提供适当的担保,否则视为以自己的行为表明不履行交付城池的主要债务,蔺相如据此可以解除合同,同时可要求秦王支付其往返秦国的交通费、餐费以及住宿费等实际损失。

攻防招式

见风使舵,语出宋·释普济《五灯会元》:"看风使舵,正是随波逐流。"意思是看风向转发动舵柄,比喻看势头或看别人的眼色行事。

该招式在合同攻防术中为"攻"式,旨在随机应变,防范法律风险,当对方丧失履约能力时,果断中止履行,及时止损。

在发现澳大利亚的黑天鹅之前,17世纪之前的欧洲人认为天鹅都是白色的。但随着第一只黑天鹅的出现,这个不可动摇的观念崩塌了。黑天鹅的存在寓意着不可预测的重大稀有事件,它在意料之外,却又改变着一切。黑天鹅事件指非常难以预测且不寻常的事件,通常会引起市场连锁负面反应甚至市场颠覆。

在合同的履行过程中,"黑天鹅事件"常有发生,不乏这种情形:合同签订后,按约先履行义务的一方突然发现,合同相对方存在无法履约的重大风险。

出现此种情况,如果先履约一方仍然按原合同履约,可能面临因对方无法履行而遭受损失的风险。但如果先履约一方不按约履行,又可能构成违约,被对方起诉要求支付违约金。遇到这种两难境地,应该如何处理?

见风使舵之攻防招式告诉我们,合同履行过程中,应当先履行义务的一方当事人有确切的证据证明后履行义务一方有丧失或可能丧失履行义务能力的情形时,有权中止合同的履行直至后履行义务一方恢复履行能力或提供适当的担保,这就是所谓的"不安抗辩权"。

不安抗辩权是"既知山有虎,不向虎山行",是维护先履行一方合法权益的有效途径,具有一时抗辩的性质,属于间接保障债权的手段,在实践中具有重要的意义。

行使不安抗辩权的最终目的,往往是为了解除合同并要求对方承担违约责任。但是在实践中,不懂得如何行使不安抗辩权,非但不能够达成解除合同的效果,反而会导致自己违约,承受不利后果。

不安抗辩权并不是可以任意使用,它的使用是有前提条件的,见风使舵之攻防招式实务操作建议如下。

一、行使不安抗辩权的前提是对方确实存在丧失履约能力的情形

对方有丧失或者可能丧失履行债务能力的情形,是行使不安抗辩权的前提条件,这些情形主要有:

①经营状况严重恶化;

②转移财产、抽逃资金,以逃避债务;

③丧失商业信誉。

二、必须掌握确切证据

当对方存在以上情形,有可能丧失履约能力时,一定要拿到"实锤"的证据,证据必须确切,不可臆断,若证据不足而直接中止履行,反而会使己方承担违约责任。

三、及时通知对方

当我们基于法定情形行使不安抗辩权时,应及时通知对方,通知应以书面的形式发出,同时注重通知的送达以及证据的保留,通知中应包含:

①明确对方的违约行为或者丧失履行能力的情形;

②我方明确中止履行合同的意思表示;

③给予对方合理、具体的期限予以整改。

待上述期限届至时,应及时书面通知对方解除合同,并向对方主张违约赔偿。

四、摸清对方底细,切勿贸然中止合同

除了需要提供确切的证据证明对方有丧失或者可能丧失履行债务的能力,还要对对方能否在合理期限内恢复履行能力或提供适当的担保进行全面的了解,否则即使基于对方的履行现状而提出中止合同,后期也有可能因为对方提供担保而难以实现不安抗辩权的行使。

同时,基于合同的稳定性及诚实信用原则,当对方能够提供确切证据证明其已经恢复履约能力或者提供了适当担保的,我们仍应配合对方继续履行合同。若一味追求中止履行或解除合同而不注重客观现实的,或有可能承担违约责任。

招式依据

《民法典》关于不安抗辩权的规定

第五百二十七条 应当先履行债务的当事人,有确切证据证明对方有下列情形之一的,可以中止履行:

(一)经营状况严重恶化;

（二）转移财产、抽逃资金，以逃避债务；

（三）丧失商业信誉；

（四）有丧失或者可能丧失履行债务能力的其他情形。

当事人没有确切证据中止履行的，应当承担违约责任。

第五百二十八条　当事人依据前条规定中止履行的，应当及时通知对方。对方提供适当担保的，应当恢复履行。中止履行后，对方在合理期限内未恢复履行能力且未提供适当担保的，视为以自己的行为表明不履行主要债务，中止履行的一方可以解除合同并可以请求对方承担违约责任。

第十七式
白鹤亮翅：遇变更，勿默许

招式要诀

遇变更，勿默许，是指在履行合同的过程中，由于实际履行行为或者其他原因，合同内容发生了变更，应及时提出异议和主张，并留存证据，切莫无动于衷，否则将构成合同的默示变更。

商道演义

第十七回　讨租金房东骂大街
　　　　　砸场子二狗耍酒疯

王二狗正与郑彪对酒消愁，突然有人揪住了王二狗的耳朵硬生生把王二狗从椅子上拽了起来，王二狗捂着耳朵扭头一看，原来是房东大妈。

这房东大妈是个悍妇，撕扯着王二狗的耳朵骂道："好你个王二狗，有钱喝酒，没钱付房租，我看你今天哪里逃？"

王二狗尖叫着挣扎开，梗着脖子说："你谁啊，有病是不是，谁欠你房租了？我早都不在你那住了。"

"吆喝,你以为你搬走了我就找不着你了是不?欠不欠钱你自己心里没个数吗?"那婆娘双手叉着腰,开启了骂街模式:"咱今天当着这么多人的面评评理啊,你租我的房子,咱签的合同是一个月800块钱,押一付三。你说你穷,我把押金给你免了,第一个季度你给我付了2400元。然后你又叫穷,说按月付,我也同意了。哪知道你个狗东西,按月付也就算了,竟然自作主张给我按700块钱付的房租,每个月给我少了100块钱。我房子多,没细算账,居然没发现。付了大半年了,我一算账,不对劲啊,算来算去,是你这狗东西给我把房租调到700了。你们说,世上有这号人吗?"

王二狗涨红了脸,跳着脚喊:"我付700,你也没说不行啊,你不同意,我能付700吗?你还给我打了收条呢,我有证据!"

"我呸,你个狗东西,再胡说老娘啐你脸上,这么大人了,睁着眼说瞎话。"

郑彪看不下去了,站起来拉着二狗说:"屁大点事,至于吗?不就100块钱的事嘛,少抽两包烟都出来了。"然后指着那婆娘说:"欠多钱说个数,我给,少在这丢人现眼。"

王二狗工作不顺,感情又受挫,本来想喝点酒释放一下,却又碰到讨债的房东,时运不济,命途多舛,管他三七二十一,于是酒壮怂人胆,仗着郑彪在跟前能收住场子,操起一个啤酒瓶子,握住瓶口,使劲在桌子上一摔,只听"咔嚓"一声,瓶底散落一地,王二狗手里攥着半截子酒瓶,挥舞着要戳向那婆娘。

说时迟,那时快,只见那婆娘一个闪身,已经蹿到了马路边上,王二狗上前追去,却被郑彪一把拉住,死死地抱住,夺下那半截子酒瓶,把王二狗按回了座位上。王二狗额头上的青筋暴跳,喊叫着要弄死那婆娘,那婆娘也算识相,远远地骂了几句,在路人的拦劝下骂骂咧咧地走开了。

"不是钱的事,咱丢不起那人。"王二狗说:"我都按700块钱付了大半年了,她连个屁都没放,现在我早都搬走了,突然跳出来说少了100块钱,我给她我就是孙子!"

郑彪赔着笑说:"你是爷!纯爷们,今天这架势,兄弟也算是开了眼了。别人欠我钱给我抵了一套房,你要有种,给我把房子收回来,你免费住。"

"此话当真?"王二狗来了精神。

演义拆解

一、王二狗未按合同约定的标准和周期支付租金,构成违约

《民法典》第509条规定,当事人应当按照约定全面履行自己的义务。王二狗与房东签订租赁合同,房东按约定向王二狗交付了房屋,王二狗应当按照合同约定以800元/月标准按季度支付租金,王二狗交纳第一季度租金后,单方决定按月支付租金,且每月少交100元,没有按约定全面履行自己的义务,构成违约。

合同约定:

示意图十六

实际履行:

示意图十七

二、房东对王二狗变更合同内容的行为未提出异议,应视为同意变更,租赁合同以实际履行的合同为准

《民法典》第543条规定,当事人协商一致,可以变更合同。

王二狗在实际履行合同的过程中,以自己的实际履行行为变更了合同内容,王二狗构成违约。但在王二狗违约后,房东又接受这种变更后的履行行为,并出具了收条,且没有提出异议,应视为房东已经同意变更合同内容,房屋租赁合同应当以实际履行的合同为准。因此,本案房租应以

700元/月的标准按月支付。

综上,合同是当事人经过合意达成的关于设立、变更、终止民事关系的协议。合同的内容是经过双方当事人协商确定的,当事人当然可以协商变更合同内容。本案中,王二狗和房东签订了房屋租赁协议,在协议履行过程中,双方均以实际行为变更了合同内容,故双方在履行的过程中应当以变更后的合同内容为准。

攻防招式

白鹤亮翅,是太极招式之一,动作舒展,攻防能力相当强。最早在陈氏太极拳中被称为白鹅亮翅,在陈氏太极拳第八代传人陈鑫的《陈氏太极拳图说》中记载:"如白鹅之鸟舒展羽翼象形也。"该招式在合同攻防术中为"攻"式,本招式取名白鹤亮翅,有敞亮、明示之意。

一般来讲,订立合同时通常都会采用书面协议形式进行约定,从形式上来说,这样更加规范,易于保存,一旦发生争议有据可查。但一旦合同订立了,合同履行中为了提高效率,或者是经办人的经验不足、风险意识不强,变更合同约定时就容易出现随意性及多样性的情况,大多数变更不是以正式签订合同的形式,而是通过电子邮件、短信、微信等方式,这些变更方式不够敞亮,不会轻易被发现。

白鹤亮翅之攻防招式,正是基于合同变更形式的多样性和随意性,要求我们在履行合同时,不仅要以明示的方式提出变更合同,更要在对方变更合同内容时,明示是否接受。

合同履行过程中不经意的承诺、要求、签字甚至不作为、默许都会对原来合同内容发生变更,作为交易者,必须建立这样的法律思维:合同内容在履行过程中是可以变更的,不论你作为还是不作为。若双方通过积极作为的方式或者以符合法律规定、当事人约定或交易习惯的不作为方式对协议内容做出了变更,相对方在较长时间内未提出异议,可能被法院视为协议已经发生变更的效力。

合同的约定与合同的履行是两码事,合同的履行会对合同约定的内容发生变更。因此在合同履行过程中,要时刻关注交易伙伴的履行情况,谨防合同履行过程中对合同实质性内容发生变更,最终导致原合同文本变成一张废纸!

为防范合同发生默示变更的法律风险,白鹤亮翅攻防招式之实务操作建议如下。

一、在合同中明确约定:变更合同应采用书面形式

社会经济生活复杂多变,法律及合同不可能预先设定不变的交易模式,所以在合同成立之初明示合同变更的方式,既可以充分保障合同双方的意思表示自由,又可以在发生纠纷之时,有据可依。具体来说,合同中可以约定变更合同应采用书面形式、合同内容变更双方当事人需明示意思表示等。

二、注重合同履行细节,防止因履行行为疏忽而发生合同变更的效力

注重合同履行细节,可表现在合同履行的方方面面,例如:合同履行的负责人应严格按照合同约定或者变更后的合同约定履行合同义务;不在合同履行中对尚未确认的事情轻易做出承诺;对于任何合同履行文件、书面材料均要审慎签署;不对合同变更或者履行可能存在的争议纠纷抱有侥幸心理;保存与合同履行相关的一切证明材料等。

三、当发现对方单方擅自变更合同时,应及时主张权利

当接收方发现对方未按照合同约定履行或者存在单方擅自变更合同的情形时,应当问明原因并表明立场,必要时以书面形式进行证据固定。

若涉及违约及损害赔偿,应当及时按照原合同约定向对方主张违约金及损害赔偿责任。如未及时主张,有可能会被视为默认接受变更,从而产生对原合同变更的效力,丧失追索损失的主动权。

招式依据

《民法典》关于合同变更的规定

第一百四十条　行为人可以明示或者默示作出意思表示。

沉默只有在有法律规定、当事人约定或者符合当事人之间的交易习惯时,才可以视为意思表示。

第四百九十条　当事人采用合同书形式订立合同的,自当事人均签名、盖章或者按指印时合同成立。在签名、盖章或者按指印之前,当事人一方已经履行主要义务,对方接受时,该合同成立。

法律、行政法规规定或者当事人约定合同应当采用书面形式订立,当事人未采用书面形式但是一方已经履行主要义务,对方接受时,该合同成立。

第五百四十三条　当事人协商一致,可以变更合同。

第五百四十四条　当事人对合同变更的内容约定不明确的,推定为未变更。

第十八式
探囊取物：物抵债，看期限

招式要诀

物抵债，看期限，是指当交易伙伴付款能力欠佳时，可协商以物抵债，要达到以物抵债的法律效果，须在债务履行期限届满后签订以物抵债合同，并实际受领抵债物，否则不能主张抵债物的所有权。

商道演义

**第十八回　王二狗义收抵账房
　　　　　胖大妈怒泼洗脚水**

王二狗拿酒瓶吓退泼辣房东，这一幕让郑彪觉得有戏，就让王二狗帮他一个忙，收个房子，醉酒的王二狗满口答应。

郑彪从兜里掏出手机调出照片，递给王二狗，王二狗打开一看，上面写着："本人欠郑彪70万元，保证在一年内一次性付清，本人将某某号房屋抵押给郑彪，如果到期未付，该房屋归郑彪所有，双方互不找差价。"

王二狗问："这写得很清楚啊，为啥不交房子？"

"一年期限早都满了,我去要过几回,这欠钱的朋友倒是没啥说的,只是他媳妇比你的房东还猛,撒泼打滚,我对女人下不了手,我看你对付这号女人有一套,还得靠你啊。"郑彪拍着王二狗肩膀挤眉弄眼。

王二狗说道:"不够意思啊彪子,取笑我啊。你这欠的什么钱?怎么这么多?"

郑彪说:"这你就不用你管了,反正咱手里有条子,你尽管收房就是了。"

两人你一句,我一句,从郑小丹说到郑大钱,又从郑大钱说到音响市场,再说到中美关系、国际经济形势,一直喝到后半夜才散场。

反正王二狗最近没事,第二天,王二狗单枪匹马,来到抵债的房子门前,在门口转了几圈,寻思着收房的策略。

真的猛士,敢于直面惨淡的人生,敢于正视淋漓的鲜血。王二狗默念着鲁迅先生的名言,敲开了房门。

开门的是一个五十多岁的胖胖的女人,头发全部用卷发棒箍住,嘴边有一颗黑豆大的痣,痣上隐约可见几根黑毛。"瞅这面相,不好惹啊。"王二狗心里想着。

"你谁呀?"那女人冲得很。

"哦,你好,我是郑彪的朋友,请问……"王二狗话说了一半,那女人"啪"一声,关了门。王二狗站的离门比较近,差点撞到他鼻子。

"咚咚咚",王二狗又敲了三下门。

"滚!"那女人在房子里咆哮。

王二狗岂是善罢甘休之人,又狠狠地砸了几下门,边砸边喊:"你打开门,咱把话说清楚。"

房子里没有了声音,不管王二狗怎么砸门喊话,都没有回音,正在王二狗无计可施的时候,突然门打开了,满满一盆冰凉冰凉的水泼了出来,王二狗来不及躲闪,不偏不倚地被泼了一身,脑瓜子嗡嗡的,王二狗那小身板差点被一盆子水给泼倒。

不等王二狗反应过来,那女人又摔门进去了。

道高一尺,魔高一丈啊,那女人戾气太重,王二狗今天又没喝酒,胆子也撑不起来,给郑彪打了几通电话,无人接听,于是跳着脚隔门骂了几句,回家换衣服去了。

王二狗刚洗完澡,就接到知音阁财务催要2万元车款的电话,王二狗有一种不祥的预感。

演义拆解

一、郑彪与朋友达成以房抵债合意时，70万元债务的履行期限尚未届满

欠条显示"本人欠郑彪70万元，保证在一年内一次性付清"，从欠条内容可以看出，欠款人出具欠条时，70万元债务还有一年的履行期限，在债务履行期限尚未届满之前，郑彪与朋友达成了以房抵债的合意。

二、双方"以房抵债"合意的实质是用房屋来担保70万元债务，并非"代物清偿"

从欠条的本意来看，"以房抵债"实为担保的性质，即：如果一年之内欠款人给郑彪还清了70万元债务，则房屋仍然归欠款人所有；如果一年之内没有还清70万元债务，则房屋归郑彪所有。从这个角度理解，这种在债务履行期限届满之前达成的以房抵债合意，名为抵债，实为抵押担保。

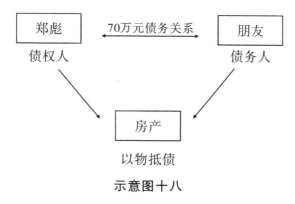

示意图十八

三、"流押"条款不能产生物权变动的法律效力

流押条款，又称"流抵押合同""流抵合同""期前抵押物抵偿约款"。指在设定抵押权时，或债权清偿期届满前，约定债权届清偿期而未受清偿时,抵押物的所有权即归抵押权人所有的现象。《民法典》第401条规定,抵押权人在债务履行期限届满前,与抵押人约定债务人不履行到期债务时抵押财产归债权人所有的,只能依法就抵押财产优先受偿。因此可以看出,我国法律禁止流押条款。

同时,《民法典合同编通则解释》第28条第2款规定,当事人约定债务人到期没有清偿债务,抵债财产归债权人所有的,人民法院应当认定该约定无效,但是不影响其他部分的效力;债权人请求对抵债财产拍卖、变卖、折价以实现债权的,人民法院应予支持。

根据上述规定,双方的以房抵债合意是在70万元债务履行期限届满前达成的,且房屋没有实际交付,双方关于"房屋归郑彪所有"的约定无效,郑彪不能请求朋友交付房屋,郑彪如果起诉要求朋友交付房屋,法院会驳回郑彪的诉讼请求。

四、郑彪可起诉要求朋友支付70万元欠款,并启动诉前保全程序,查封涉案房屋

郑彪虽然不能直接主张抵债物归其所有,但郑彪可根据70万元欠款的基础法律关系,向欠款人主张70万元欠款以及利息。当然,在起诉之前,为了防止欠款人转移资产,郑彪可申请法院进行诉前财产保全程序,对涉案房屋预先查封,待本案到执行程序时,可申请法院将该房屋拍卖、变卖,所得价款用来偿还70万元欠款。

攻防招式

探囊取物,语出宋·欧阳修等《新五代史·南唐世家》:"中国用吾为相,取江南如探囊中物尔。"原义是伸手进入囊袋中拿取物品,比喻办成事情轻而易举。

该招式在合同攻防术中为"攻"式,本招式为探囊取物的字面意思,主要解决的问题是如何"拿到物"的问题。

合同履行过程中,以物抵债的事常有发生,所谓以物抵债,是指债权人与债务人约定以债务人或经第三人同意的第三人所有的财产折价归债权人所有,用以清偿债务的行为。

按照签订以物抵债协议时,债务履行期是否已届满,具体分两种情况确定以物抵债的性质。

一、在债务履行期届满前达成以物抵债协议的,名为抵债,实为抵押之意,交易双方的目的多为担保的性质

①抵债财产尚未交付(或过户)的,双方约定债务人到期没有清偿债务,抵债财产归债权人所有的,该约定无效,但是不影响其他部分的效力;债权人不能请求债务人交付抵债财产,也不能主张优先受偿权,只能根据原债权债务关系主张权利,请求履行原债务,请求对抵债财产拍卖、变卖、折价以实现债权。

②抵债财产已经交付(或过户)的,构成让与担保,债权人不得请求确认财产归其所有,但抵债财产已完成财产权利变动公示的,债权人可请求对抵债财产折价或者以拍卖、变卖该财产所得的价款优先受偿。

二、在债务履行期届满后达成以物抵债协议的,交易双方的目的是清偿债务,因此具有新债清偿的意义

①抵债财产尚未交付(或过户)的,债权人享有的仅是债权性质的权利,并非物权,在以物抵债协议不存在恶意损害第三人合法权益等影响合同效力的情况下,经催告后在合理期限内仍不履行的,债权人有权选择请求履行原债务或者以物抵债协议,但不得直接请求确认对该抵债财产享有所有权。

②抵债财产已经交付(或过户)的,可以根据交易交付原则,直接认定债权人对抵债财产享有所有权。

以物抵债协议按照根据履行期限是否届满、抵债财产是否交付,具体区别详见下表:

表9 以物抵债协议按协议时间及标的物状态不同的具体区别

以物抵债协议形成时间	债务履行期限届满前		债务履行期限届满后	
性质	担保性质		新债清偿	
抵债财产状态	未交付	已交付	未交付	已交付
法律效果	抵债财产归债权人所有的约定无效,只能主张履行原债务,不能主张优先受偿权	抵债财产归债权人所有的约定无效,但可主张优先受偿权,不可请求确认抵债财产所有权	以物抵债协议有效,可主张履行以物抵债协议或原债务,但不可直接请求确认抵债财产所有权	以物抵债协议有效,可认定债权人对抵债财产享有所有权

站在债权人的角度讲,签订以物抵债协议的目的是顺利拿到"物",但现实往往会事与愿违。就拿以房抵债来说,以房抵债协议签订后,如果房价大涨,债务人就动了反悔心思,找种种借口拒绝履行以房抵债协议,债权人想要获得房子困难重重。

那么,如何签订以物抵债协议才能让债权人顺利拿到"物"呢?

探囊取物攻防招式之实务操作建议如下。

一、双方签署"以物抵债"协议时应当直接明确旧债的消灭,避免出现旧债务和新债务处于衔接并存的状态

根据协议的不同约定,"以物抵债"协议分两种情形:其一为旧债不消灭的新债清偿,即同时存在新旧两种债务,但履行方式不同;其二为旧债消灭的债务更新,即成立新债务时,旧债务消灭。故而为避免新债后期履行的风险导致债务人主张履行旧债,建议直接选择约定第二种方式,即直接在"以物抵债"协议中明确约定新债形成后旧债消灭,避免出现债务人恢复请求旧债履行的风险。

二、"以物抵债"协议签订后应当随时确保办理"物"的交付或权属变更,避免出现恢复旧债履行的情况

如前文所述,"以物抵债"协议签订后仅有在债务人不履行抵债协议或抵债协议客观无法履行时,债权人才有权请求恢复履行旧债。故债权人应利用优势地位,通过让利或其他方式促使债务人完成"物"的交付或者权属变更(动产交付,不动产完成过户登记手续并实际占有)。

三、务必在债务履行期限届满后达成以物抵债协议

法律为确保"以物抵债"的公平原则,要求"以物抵债"协议签订时间是在债务履行期间届满后,债权人债务人地位基本平等的时候,这时候双方订立的协议更倾向于公平。

建议"以物抵债"协议中可以载明这一点,这里我们以房屋抵偿借款为例:"自某年某月某日至某年某月某日,乙方欠付甲方借款本金某某元,借款利息某某元,以上金额合计某某元,以上价款本金以及利息履行期限均已届满。现甲乙双方达成如下以物抵债协议……"

四、"以物抵债"协议不得恶意串通损害第三人权益,否则为无效协议

一般情况下,这种情况比较少,债权人与债务人达成的"以物抵债"协议主要是为了保证债权人的权益;但是,债权人一定谨记合同目的的正当性会影响合同的效力,合同效力必然影响权益。

招式依据

一、《民法典》关于以物抵债的规定

第四百零一条 抵押权人在债务履行期限届满前,与抵押人约定债务人不履行到期债务时抵押财产归债权人所有的,只能依法就抵押财产优先受偿。

第四百二十八条 质权人在债务履行期限届满前,与出质人约定债务人不履行到期债务时质押财产归债权人所有的,只能依法就质押财产优先受偿。

二、《最高人民法院关于适用〈中华人民共和国民法典〉合同编通则若干问题的解释》关于以物抵债的规定

第二十七条、第二十八条(详见附录一)

第四篇

合同救济

力挽狂澜
亡羊补牢
全身而退
时不我待

第十九式
力挽狂澜：转资产，速撤销

招式要诀

转资产，速撤销，是指当交易伙伴丧失清偿债务的能力时，且其具有恶意转移资产逃避债务等诈害行为，相对方有权通过诉讼途径撤销其诈害行为，以保障债权实现。

商道演义

第十九回　　还轿车二狗办过户
　　　　　　抢钥匙大钱遭损失

王二狗去收房碰了一鼻子灰，刚洗完澡，知音阁的财务打来电话要求王二狗将购车款支付给公司。

王二狗预感到会有今天，但是没想到这么快。他曾想自己给郑大钱当牛做马这几年，郑大钱这点小钱应该不会跟他算账了，如果郑大钱不跟他算这笔账，王二狗觉得两人可以好聚好散。现在郑大钱开了口，王二狗觉得两人之间的遮羞布被扯掉了，反而打定主意不给了。

换好衣服，王二狗开着桑塔纳轿车横放在知音阁门口，径直走进郑大钱办公室，开门见山地说："郑总，最近有点事，手头的钱全花完了，这车还是还给你吧，我随时配合办理过户手续。"

郑大钱没想到王二狗给他来这一出，瞪着眼睛问道："你什么意思？"

"没啥意思，郑总，最近手头确实紧得很，钱是个硬通货，一分钱难倒英雄汉嘛。"王二狗吊儿郎当地说。

"走！现在就去过户。"郑大钱很清楚王二狗的行事风格，如果今天不把车过户过来，以后就等着人财两空吧。

两人过完户，刚从车管所走出来，就看见有三个人围在车旁，鬼鬼祟祟地往车里偷看，郑大钱大步走到车跟前说道："麻烦你们让一下，谢谢。"

"让你个鬼！"为首的矮个子男人一把夺过车钥匙，怒气冲冲地推了一把郑大钱，郑大钱趔趄地向后倒退了几步，幸亏郑大钱胖，否则就是一个屁股蹲。

"王二狗是哪个？"胖高个子的男人问旁边的胖婆娘，那婆娘指着车管所门口的王二狗说道："是他！"

王二狗老远看见有个女人指着他，看着有点面熟，仔细一看，不好，这女人正是找他要房租的房东大妈。没等王二狗反应过来，那胖高个男人三两步过来，像拎小鸡一样，把王二狗拎了过来。

"你不是要拿啤酒瓶子戳死我吗？戳啊，看你个怂样！"那婆娘用拳头在王二狗头上边敲边骂。

王二狗偏着头一边躲闪，一边求饶："姐，哎哟，轻点，那天喝高了，干了啥事，我都忘了，没必要……"

不等王二狗把话说完，那矮个子男人一脚蹬到王二狗的屁股上，王二狗瘦小的身板跌跌撞撞地向前跑了十来米。那男人骂道："忘了？打死你！欠债还钱，天经地义，让你长点记性！"

王二狗好汉不吃眼前亏，爬起来撒腿就跑，那两个男人一高一矮追出去了好几百米，愣是没追上，气喘吁吁又折了回来。只见那婆娘正和郑大钱理论："什么？这车是你的？少给我玩这一套，这车明明是王二狗的。你俩穿一条裤子，合着伙来忽悠老娘！好个王二狗，为了逃债，把车过户给你，转移资产是不是？"

郑大钱正欲辩解，那矮个子男人质问："玩什么花招！王二狗把车过户给你，你给他钱了吗？"

"这车本来就是我的！把钥匙还给我。"郑大钱气愤地喊道。

这三个人哪里听得进去郑大钱的辩解，推推嚷嚷地辱骂着郑大钱，逼得郑大钱没办法,打了110报警。

警察把四个人都带回派出所,详细了解了情况,郑大钱才知道王二狗为了800块钱房租砸啤酒瓶子打房东的事,没想到王二狗会干出这种事来。郑大钱觉得很丢人,摇着头,叹着气,从包里掏出800元交给房东大妈说道:"王二狗欠你的房租,我替他还了。这事就过了。"

那婆娘接过钱,气呼呼地说:"这不是钱的事,这是人品的问题,下次别让我逮着他,非打断他的腿不可!"

"说什么呢,法治社会!"警察制止道。

警察见四人和解了,就让各自回家去了。"王二狗得尽快处理了,不能再留在知音阁了。"郑大钱暗暗思索。

演义拆解

一、撤销权应以诉讼方式行使

《民法典》第539条规定,债务人以明显不合理的低价转让财产,影响债权人的债权实现,债务人的相对人知道或者应当知道该情形的,债权人可以请求人民法院撤销债务人的行为。

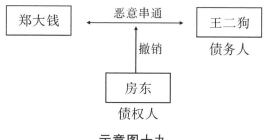

示意图十九

本案中,王二狗将车辆过户给郑大钱,郑大钱没有证据证明支付了对价,虽然这辆车本来就是KTV经理顶账给郑大钱的,但这件事在房东看来,王二狗与郑大钱是在恶意串通,转移资产,逃避债务。所以站在房东角度分析,如果这辆车是王二狗的自有资产,王二狗拖欠房租未清偿的情况下,将车辆无偿转让给郑大钱,影响到了其债权的实现,房东可以行使撤销权,通过诉讼的方式撤销王二狗与郑大钱之间的转让协议。

二、如果转让协议被撤销,王二狗还需承担房东行使撤销权的必要费用

《民法典》第540条规定,债权人行使撤销权的必要费用,由债务人负担。如果转让协议被撤销,王二狗还需承担房东行使撤销权的必要费用,这些费用包括律师代理费、差旅费等。

攻防招式

力挽狂澜,唐·韩愈《进学解》:"障百川而东之,回狂澜于既倒。"比喻尽力挽回危险的局势并且扭转乾坤、反败为胜。

该招式在合同攻防术中为"攻"式,意思是当发现交易相对方恶意转移资产逃避债务时,要及时行使撤销权,撤销其恶意处分资产的行为,追回资产,力挽狂澜。

俗话说,欠债还钱,天经地义。但如果一个人存在大量债务,就好比"虱子多了不怕痒",难免会有破罐子破摔的想法,把自己的资产全部转移,情愿当一个失信被执行人,反正破车好揽债,这样即使经法院强制执行仍不能清偿债务,从而达到债务人逃债的目的。

认清债务人恶意处分财产权益的行为(学理上一般称之为诈害行为)的表现形式,是行使撤销权的第一步,债务人的诈害行为主要表现形式有以下两类。

1. 无偿处分财产权益

无偿处分财产权益的行为,主要有:①放弃债权;②放弃债权担保;

③无偿转让财产;④恶意延长其到期债权的履行期限。

2. 有偿处分财产权益

有偿处分财产权益的行为,主要有:①以明显不合理的低价转让财产;②以明显不合理的高价受让他人财产;③为他人的债务提供担保;④以明显不合理的价格,实施互易财产、以物抵债、出租或者承租财产、知识产权许可使用等行为。

对于"明显不合理"的低价或者高价,人民法院原则上按照交易当地一般经营者的判断,并参考交易时交易地的市场交易价或者物价部门指导价予以认定。一般来讲,转让价格未达到交易时交易地的市场交易价或者指导价70%的,一般可以认定为"明显不合理的低价";受让价格高于交易时交易地的市场交易价或者指导价30%的,一般可以认定为"明显不合理的高价"。需要特别指出的是,债务人与相对人存在亲属关系、关联关系的,不受70%和30%的限制。

遇到这样的无赖,只能自认倒霉吗?

并非如此,对于债务人的诈害行为,如果满足债权人撤销权诉讼的构成要件,债权人可以向法院起诉请求撤销债务人对该财产的处分,从而保全债务人的财产。

这种撤销权的诉讼,就起到了力挽狂澜的作用,可以追回债务人恶意处分的财产,最终实现债权。

力挽狂澜之攻防招式实务操作建议如下。

一、搜集债务人与相对人存在亲属或关联关系的证据,证明相对人在主观上存在恶意

对于债务人有偿处置财产的行为,债务人签订合同的相对人毕竟付出了代价。如果仅以价格明显不合理为由撤销债务人的行为,将损害交易安全。因此,债权人需举证与债务人签订合同的相对人主观上存在恶意。对于相对人在主观上存在恶意,债权人需证明相对人知道或应当知道债务人的行为影响债权人的债权实现。

实务中,当债务人与相对人存在亲属或关联关系,更容易被认定为相对人主观上存在恶意。因此,要特别关注并举证证明债务人与相对人之间关系,如近姻亲关系、合作伙伴关系等,从而来推定相对人在主观上存在恶意。

二、搜集债务人无清偿能力的证据,证明债务人的诈害行为影响债权人的债权实现

债务人的诈害行为"影响债权人债权的实现"是撤销权的构成要件之一。至于如何认定"影响债权人的债权实现"要结合债权人的债权情况、债务人的责任财产状况等在个案中予以具体判断,看是否因债务人的诈害行为导致债权无法获得清偿或无法全部清偿的结果。如债权人提起撤销权诉讼时,债务人名下仍有财产可供执行,且该财产的价值并非远低于债权金额,则无法认定债务人的行为对债权造成损害。

建议债权人在提起撤销权诉讼之前,全面了解债务人的财产情况,同时尽可能提交证明债务人已无清偿能力的证据,如提交执行法院出具的终本裁定书等。

三、撤销权应在债权人知道或者应当知道撤销事由之日起一年内行使

撤销权自债权人知道或者应当知道撤销事由之日起一年内行使。自债务人的行为发生之日起五年内没有行使撤销权的,该撤销权消灭。债权人一旦知道债务人存在恶意转让财产、有可能损害其债权实现的行为,一定要在法定期间内积极行使,以免错过时机。

四、行使撤销权的律师代理费、差旅费由债务人承担,保存好相关支出凭证和票据。

撤销权的行使范围以债权人的债权为限。债权人行使撤销权的必要费用,由债务人负担。债权人行使撤销权所支付的合理的律师代理费、差旅费等费用,可以认定为"必要费用"。

招式依据

一、《民法典》关于债权人撤销权的规定

第五百三十八条　债务人以放弃其债权、放弃债权担保、无偿转让财产等方式无偿处分财产权益,或者恶意延长其到期债权的履行期限,影响债权人的债权实现的,债权人可以请求人民法院撤销债务人的行为。

第五百三十九条　债务人以明显不合理的低价转让财产、以明显不合理的高价受让他人财产或者为他人的债务提供担保,影响债权人的债权实现,债务人的相对人知道或者应当知道该情形的,债权人可以请求人民法院撤销债务人的行为。

第五百四十条　撤销权的行使范围以债权人的债权为限。债权人行使撤销权的必要费用,由债务人负担。

第五百四十一条　撤销权自债权人知道或者应当知道撤销事由之日起一年内行使。自债务人的行为发生之日起五年内没有行使撤销权的,该撤销权消灭。

第五百四十二条　债务人影响债权人的债权实现的行为被撤销的,自始没有法律约束力。

二、《最高人民法院关于适用〈中华人民共和国民法典〉合同编通则若干问题的解释》关于债权人撤销权的规定

第四十四条、第四十五条、第四十六条(详见附录一)

第二十式
亡羊补牢：有损失，防扩大

招式要诀

有损失，防扩大，是指合同一方违约后，另一方应当采取适当措施防止损失的扩大；没有采取适当措施致使损失扩大的，不得就扩大的损失请求赔偿。

商道演义

**第二十回　广告商反诉知音阁
　　　　　郑大钱追忆王二狗**[①]

郑大钱开除王二狗的想法已经有很长时间了，一直下不了决心，也缺少一个借口。恰逢房东大妈找人讨债，在危险时刻，王二狗居然撂下郑大钱，一个人跑了，这种人还能指望他干什么呢？

路遥知马力，日久见人心。郑大钱终于悟到了这句话的真正内涵，当

[①] 改编自上海二中院判决华美公司诉源正公司委托合同案。

年自己只看中王二狗在销售方面的天赋,却忽略了对品德的考察,郑大钱觉得自己看走眼了。

想到这里,郑大钱突然觉得自己有点可笑,当初为了聘任王二狗当销售总监,自己还心甘情愿地给广告公司赔了2万元。

事情是这样的:知音阁以前主要靠营销拓展市场,每年花出去的广告费高达几十万,在王二狗担任销售总监之前的半年左右,郑大钱跟无名城一家广告公司签订了广告合同,并支付了8万元预付款,让广告公司为知音阁在合作媒体上做宣传,但广告的形式一直没定下来,所以广告一直没有发布。

后来,王二狗入职知音阁,以一己之力撑起了知音阁销售业绩的半壁江山,远超广告效益,郑大钱觉得与其把钱花在广告费上,还不如多吸纳销售人才,于是给广告公司发函要求解除合同并退还预付款。

郑大钱把事情想简单了,他觉得广告公司没有开展工作,退钱是天经地义的事情。但广告公司好不容易创收8万元,哪能这么容易就退款。收到解除函后,广告公司明确告知郑大钱,广告公司与合作媒体实行的是买断价格,广告虽未刊登,但广告版面已经预留了,费用已经产生,坚决不同意退钱。

双方沟通了多次,终究没谈出个结果,关系也搞僵了,郑大钱无奈之下,起诉广告公司要求退还预付款8万元。

让郑大钱没想到的是,广告公司居然也起诉了知音阁,要求知音阁赔偿10万元,理由是广告公司与报社签订了"广告刊登合同",合同约定任何一方违约须承担违约金10万元,现在知音阁解除合同直接导致广告公司违约,产生违约金10万元,这个损失应该由知音阁承担。

郑大钱本想退款,却被反咬一口,只能硬着头皮把官司打到底。最终法院判决广告公司退还知音阁预付款8万元,知音阁赔偿广告公司违约金2万元,两者相抵,郑大钱实际拿到手6万元,亏了2万元。

不过王二狗给知音阁带来的收益,已经远远地超过了2万元,总体来说,王二狗担任销售总监这些年,还是挺划算的。

郑大钱躺在老板椅上思考,有德无才是君子,有才无德是小人,王二狗这种小人还是让他趁早滚蛋吧,省得再出什么变故。

演义拆解

一、郑大钱单方违约导致广告公司无法履行与报社签订的合同,郑大钱应当承担违约责任

《民法典》第584条规定,当事人一方不履行合同义务或者履行合同义务不符合约定,造成对方损失的,损失赔偿额应当相当于因违约所造成的损失,包括合同履行后可以获得的利益;但是,不得超过违约一方订立合同时预见到或者应当预见到的因违约可能造成的损失。

郑大钱单方违约已经是一个不争的事实,郑大钱要不要承担违约责任,就看其在签订合同时能不能或者应不应当预见损失。从合同履行来看,广告公司为保证广告如期刊登而事先与相关媒体签订合同并无不当,按照社会一般人的认知能力,郑大钱应预见到广告公司可能会与相关媒体签约。根据上述法律规定,郑大钱应当承担赔偿责任。

```
┌─────┐  广告合同   ┌───────┐  广告刊登合同  ┌─────┐
│郑大钱│ ←────────→ │广告公司│ ←──────────→ │ 报社 │
└─────┘             └───────┘                └─────┘
```

示意图二十

二、广告公司在郑大钱提出解约后,未采取合理补救措施,广告公司应自行承担因此扩大的损失

《民法典》第591条规定,当事人一方违约后,对方应当采取适当措施防止损失的扩大;没有采取适当措施致使损失扩大的,不得就扩大的损失请求赔偿。

在郑大钱提出解除合同后,广告公司还可以采取以其他的广告替代知音阁广告的方式,尽量减少郑大钱解除合同造成的损失,但广告公司未采取任何替代措施,更谈不上替代措施是否合理,因此,广告公司对相应损失也应承担责任。

综上所述,郑大钱应当预见到广告公司的损失。但是,广告公司与报社合同约定的违约金过高,郑大钱全额承担并不合理。而且,广告公司与报社签订合同后,在郑大钱提出解除合同时,广告公司不仅未通知报社,也未采取合理的措施尽量减少郑大钱解除合同对其造成的损失,因此,广告公司对造成的损失存在过错。法院最终判决郑大钱赔偿违约金2万元并无不当。

攻防招式

亡羊补牢,语出《战国策·楚策四》:"见兔而顾犬,未为晚也;亡羊而补牢,未为迟也。"意思是羊逃跑了再去修补羊圈,还不算晚。比喻出了问题以后想办法补救,免得以后继续受损失。

该招式在合同攻防术中为"攻"式,意思是在对方违约的情况下,不能放任损失扩大,要采取适当措施防止损失扩大。

诚然,违约必须付出代价。强化对守约者诚信行为的保护力度,提高违法违约成本,促进诚信社会构建,是法院审理合同纠纷案件的主导思想。

但是,这个代价需要结合具体案情酌情认定,如果在合同一方当事人违约后,另一方抱着"看热闹不嫌事大"的态度,任由损失发生,甚至通过主张违约金牟利,那对全社会价值观的引导将是负面的,不能把守约方未采取合理措施扩大的损失强加在违约方身上,要从维护公平、遵守诚信、节约资源的角度,鼓励守约方亡羊补牢,及时补救、止损,节约资源,不可浪费。

采取适当措施防止损失扩大,是法律对守约方谨慎义务的要求,亡羊补牢的精神是永远值得鼓励和提倡的。

亡羊补牢攻防招式之实务操作建议如下。

一、遇到对方违约,应及时采取适当措施防止损失扩大

在交易伙伴违约的情况下,不管什么理由,都应该及时采取措施,防止损失扩大,由此产生的合理费用将由违约方承担。如果坐视不管,消极对待,放任损失的扩大,对于扩大的损失法院将无法予以保护。

二、留存采取措施防止损失扩大的证据

在采取措施减少损失的过程中,一定要留存证据,如果没有证据证明采取了适当措施,对于扩大的损失守约方依然要承担一部分责任。

三、采取措施所支付的必要费用由对方承担

采取措施减少损失所支付的必要费用亦应留存证据,可在主张违约责任时一并向违约方主张。

四、采取防止损失扩大的措施主要有停止履行和替代安排

1. 停止履行

一旦一方当事人有证据知道对方的对待履行将不会作出,该当事人通常应以停止履行来避免进一步的花费。停止履行是减损规则最基本、最初级的要求,它只是要求受损害方消极地不作为。

2. 替代安排

有的情形受损害方不仅应停止履行来避免损失扩大,还应采取合理的断然措施进行适当的替代安排。替代安排也就是要缔结替代合同,基于债权的平等性,缔结替代合同并不要求事先解除原合同。

招式依据

《民法典》关于违约损失的规定

第五百八十四条　当事人一方不履行合同义务或者履行合同义务不符合约定,造成对方损失的,损失赔偿额应当相当于因违约所造成的损失,包括合同履行后可以获得的利益;但是,不得超过违约一方订立合同时预见到或者应当预见到的因违约可能造成的损失。

第五百九十一条　当事人一方违约后,对方应当采取适当措施防止损失的扩大;没有采取适当措施致使损失扩大的,不得就扩大的损失请求赔偿。

当事人因防止损失扩大而支出的合理费用,由违约方负担。

第二十一式
全身而退：解合约，发通知

招式要诀

解合约，发通知，是指当事人一方依法主张解除合同的，应当通知对方，合同自通知到达对方时解除；对方对解除合同有异议的，任何一方当事人均可以请求人民法院或者仲裁机构确认解除行为的效力。

商道演义

第二十一回　冷语冰人大钱挑事　揭竿而起二狗拂袖①

那天在车管所门口，王二狗见房东大妈人多势众，自知理亏，找了个空子撒腿就跑。一口气跑到鸡窝巷去找郑彪，上气不接下气地说不出一句话，咕噜咕噜地连喝了两杯水，摊在沙发上给郑彪说："兄弟啊，你差点要失去我了。"

---

① 改编自《史记·陈涉世家》。

"什么情况?"郑彪问。

"房东那死婆娘惹不起啊,找了人追杀我。"王二狗喘着气说。

"她敢?人呢?"郑彪抱打不平。

"算了,还好我跑得快。"王二狗叹了口气接着说,"郑大钱最近给我穿小鞋,知音阁我也待不下去,唉,另谋出路吧。哦,对了,我把抵账房的条子还给你,你那房子你自己去收吧,那婆娘也不是个省油的灯,你自己小心点。"王二狗本想说自己被泼了一头水,转念一想,这事太丢人,话到嘴边又咽了下去。

"看你那熊样,这才多大点事啊,还是个男人不?走,晚上哥请你吃饭,压压惊。"郑彪说着去里屋找酒去了。

傍晚时分,突然变天了,乌云密布,电闪雷鸣,一场瓢泼大雨骤然来临。郑彪约了女朋友,和王二狗一起到主街上一家粤菜馆去吃饭。

抬脚刚进门,就看见郑大钱正站在大厅,指挥着知音阁的工人安装调试饭店的音响和显示大屏,郑彪熟络地邀请郑大钱跟他们一起共进晚餐,王二狗退无可退,只得硬着头皮落座。

"压惊宴"突然变成了"鸿门宴",王二狗如坐针毡。郑大钱一连几杯酒下肚,也顾不得什么,就开始数落王二狗,先从桑塔纳轿车说起,讲到王二狗先承诺买车,后反悔退车,今天又被房东大妈一帮人踢倒在地,如何如何的狼狈,然后又继续揭王二狗的短,说前两天有人看见王二狗被人用洗脚水泼了一身,发了朋友圈,还特意翻出来让大家看。郑彪听得是心惊胆战,本来郑彪打算让王二狗跟郑大钱今日冰释前嫌,这下可好,弄巧成拙了。

"惶惶然如丧家之犬!"郑大钱鄙夷地总结。

王二狗一言不发,低头喝闷酒,此时大厅的音响和显示屏都已调试完毕,大屏上播放着陈胜吴广起义的试音碟片。

郑大钱最后一句话还没说完,王二狗涨红了脸,一掌拍在桌子上,额头青筋暴起,一字一顿地说道:"郑大钱,我告诉你,做人不要太刻薄!"

大厅的空气瞬间凝固了,其他桌纷纷看向这桌。窗外的雨点噼里啪啦,大厅中央显示屏上也大雨滂沱,道路泥泞,陈胜和吴广艰难前行,画外音说道:会天大雨,道不通,度已失期,按照秦朝法令,超期未到者,一律杀头。

郑大钱丝毫不怵,酒杯往地下这么一摔,怒道:"王二狗,我已经忍你好久了,咱今天就把话挑明了说!"

郑彪怕出什么事情,连忙起身,左右规劝,王二狗站起来,踢翻凳子,对着郑大钱撂下一句狠话:"你给老子听着,老子不干了!咱走着瞧!"说完夺门而出。

餐厅的经理赶忙过来,郑彪低头说了几句,经理就去安抚别桌的客人了。此时大厅显示屏上,陈胜、吴广振臂一呼,高声叫道:"今亡亦死,举大计亦死,等死,死国可乎……王侯将相,宁有种乎?!"众人皆簇拥着,呐喊着,揭竿而起。

雨声伴随着电闪雷鸣,好像是对着世间抒发愁绪与苦闷。王二狗浑身单薄泡在雨水里,一时看不清方向,也不知是道路还是人生。

演义拆解

一、"会天大雨,道不通"属于不可抗力

《民法典》第180条规定,不可抗力是不能预见、不能避免且不能克服的客观情况。"会天大雨,道不通"是天灾,非人力所能预见,不要说是在秦朝,就是在科技如此发达的当今社会,也是不能避免、不能克服的客观情况。因此,陈胜、吴广行军途中"会天大雨,道不通"属于合同履行过程中遇到的不可抗力。

二、"度已失期"是指合同目的无法实现,陈胜、吴广依法可以行使法定解除权

《民法典》第563条第(一)款规定,因不可抗力致使不能实现合同目的,当事人可以解除合同。"度已失期"的意思是估计已经延误了期限,既然已经延期,那按期到达的合同目的就无法实现,根据上述法律规定,陈胜、吴广可以解除合同。

三、秦朝法律严苛不具有人性化,但根据《民法典》相关规定,陈胜、吴广无需承担责任

《民法典》第180条规定,因不可抗力不能履行民事义务的,不承担民事责任。根据《民法典》的规定,陈胜、吴广"会天大雨,度已失期",无需承担责任。如果秦朝的法律制定不可抗力的规定,那陈胜、吴广就没必要起义了,秦朝也可能不会两世而亡,可见科学立法对于国家和社会稳定的重要性。

攻防招式

全身而退,是指为了保全自己,主动地退出曾经与自己有关的事件,并且在离开的时候能够毫无牵挂地抽身而去。

该招式在合同攻防术中为"攻"式,意思是在合同无法继续履行下去时,可以选择解除合同。

合同履行过程中,有时会因主观或客观情况的变化,合同继续履行下去没有必要或者履行不能,如仍继续履行,不但对于一方甚至双方当事人都没有好处,也不会增加社会效益,这时候通过法律手段让合同提前终了就显得很有必要,所谓一别两宽,各生欢喜。

解除合同的类型有三种:协议解除、约定解除和法定解除。

1. 协议解除

当事人协商一致,可以解除合同。协议解除也叫合意解除,是指在合同有效成立后、尚未履行完毕之前,当事人双方通过协商达成协议,而使合同效力消灭的双方民事法律行为。

2. 约定解除

当事人可以约定一方解除合同的事由。解除合同的事由发生时,解除权人可以解除合同。但是当事人不能随意约定解除权,合同约定的解除条件成就时,守约方以此为由请求解除合同的,人民法院应当审查违约方的违约程度是否显著轻微,是否影响守约方合同目的实现,根据诚实信用原则,确定合同应否解除。违约方的违约程度显著轻微,不影响守约方合同目的实现,守约方请求解除合同的,人民法院不予支持;反之,则依法予以支持。

3. 法定解除

法定解除,是指合同在有效成立后尚未履行或未完全履行完毕前,由于法律规定的事由行使解除权,而使合同归于消灭的行为。其特点在于,在法定解除权条件成就时,解除权人可以直接行使解除权解除合同,无需征得对方当事人同意。法定解除事由包括:

①因不可抗力致使不能实现合同目的;

②在履行期限届满前,当事人一方明确表示或者以自己的行为表明不履行主要债务;

③当事人一方迟延履行主要债务,经催告后在合理期限内仍未履行;

④当事人一方迟延履行债务或者有其他违约行为致使不能实现合同目的;

⑤一方行使不安抗辩权中止履行后,对方在合理期限内未恢复履行能力且未提供适当担保的;

⑥情势变更:合同成立后,合同的基础条件发生了当事人在订立合同时无法预见的、不属于商业风险的重大变化,继续履行合同对于当事人一方明显不公平的,受不利影响的当事人可以与对方重新协商;在合理期限

内协商不成的。

全身而退是解除合同的目的,真正要做到全身而退却并非易事,全身而退攻防招式之实务操作建议如下。

一、解除合同通知建议以书面形式送达

当事人一方依法主张解除合同的,应当通知对方。合同自通知到达对方时解除;通知载明债务人在一定期限内不履行债务则合同自动解除,债务人在该期限内未履行债务的,合同自通知载明的期限届满时解除。对方对解除合同有异议的,任何一方当事人均可以请求人民法院或者仲裁机构确认解除行为的效力。

通知包含书面通知和口头通知,建议解除合同的通知以书面形式呈现,并使用 EMS 邮寄特快专递送达,邮寄时快递单上的文件名称要写明"解除合同通知书",邮寄后查询送达签收情况,并及时打印邮寄票据回单,作为证据留存。通知方式解除合同的,合同自通知到达对方时解除。

当事人一方未通知对方,直接以提起诉讼或者申请仲裁的方式依法主张解除合同,人民法院或者仲裁机构确认该主张的,合同自起诉状副本或者仲裁申请书副本送达对方时解除。

二、只有享有法定或者约定解除权的当事人才可以通知方式解除合同

当事人一方以通知方式解除合同,并以对方未在约定的异议期限或者其他合理期限内提出异议为由主张合同已经解除的,人民法院对其是否享有法律规定或者合同约定的解除权进行审查。经审查,享有解除权的,合同自通知到达对方时解除;不享有解除权的,不发生合同解除的效力。

只有享有法定或者约定解除权的当事人才能以通知方式解除合同,不享有解除权的一方向另一方发出解除通知,另一方即便未在异议期限内提起诉讼,也不发生合同解除的效果。

三、合同解除权应在法定时间内行使

为了维护交易的安全以及稳定,合同解除权的行使是有时间限制的,逾期行使合同解除权消灭。合同没有约定,权利人应当在知道或者应当知道解除事由之日起一年内行使;合同有约定的,权利人应当在约定的权利行使期间行使合同解除权,但是双方约定不得违反法律规定。

四、收到合同解除通知书应及时提出异议

合同一方当事人收到解除合同通知书后,对对方合同解除有异议的,应在合理期限内向人民法院或者仲裁机构确认解除行为的效力。当然,如果收到解除通知的当事人确定对方合同解除权的行使是完全不符合法律规定以及合同约定的,对于该等合同解除通知亦可以置之不理,避免讼累。

招式依据

一、《民法典》关于解除合同的规定

第五百六十二条　当事人协商一致,可以解除合同。

当事人可以约定一方解除合同的事由。解除合同的事由发生时,解除权人可以解除合同。

第五百六十三条　有下列情形之一的,当事人可以解除合同:

(一)因不可抗力致使不能实现合同目的;

(二)在履行期限届满前,当事人一方明确表示或者以自己的行为表明不履行主要债务;

(三)当事人一方迟延履行主要债务,经催告后在合理期限内仍未

履行;

(四)当事人一方迟延履行债务或者有其他违约行为致使不能实现合同目的;

(五)法律规定的其他情形。

以持续履行的债务为内容的不定期合同,当事人可以随时解除合同,但是应当在合理期限之前通知对方。

第五百六十四条 法律规定或者当事人约定解除权行使期限,期限届满当事人不行使的,该权利消灭。

法律没有规定或者当事人没有约定解除权行使期限,自解除权人知道或者应当知道解除事由之日起一年内不行使,或者经对方催告后在合理期限内不行使的,该权利消灭。

第五百六十五条 当事人一方依法主张解除合同的,应当通知对方。合同自通知到达对方时解除;通知载明债务人在一定期限内不履行债务则合同自动解除,债务人在该期限内未履行债务的,合同自通知载明的期限届满时解除。对方对解除合同有异议的,任何一方当事人均可以请求人民法院或者仲裁机构确认解除行为的效力。

当事人一方未通知对方,直接以提起诉讼或者申请仲裁的方式依法主张解除合同,人民法院或者仲裁机构确认该主张的,合同自起诉状副本或者仲裁申请书副本送达对方时解除。

二、《最高人民法院关于适用〈中华人民共和国民法典〉合同编通则若干问题的解释》关于解除合同的规定

第五十二条、第五十三条、第五十四条(详见附录一)

第二十二式
时不我待：满三年，胜诉难

招式要诀

满三年，胜诉难，是指权利人向人民法院请求保护民事权利的诉讼时效期间为三年。超过诉讼时效，权利人将丧失"胜诉权"。

商道演义

第二十二回　王二狗欠债辩时效　郑大钱怒目骂公堂

王二狗夺门而走，郑彪和郑大钱一时无话，也匆匆离场。

躺在床上的郑大钱把最近和王二狗的烦心事一股脑倒给了自己媳妇，媳妇边听边劝慰郑大钱，生怕他因为这事气坏了身体。

"王二狗是不是还欠咱们5万元？"郑大钱媳妇突然问了一句。

郑大钱这才想起，上次王二狗和郑彪一起来家里吃饭的时候，借了他5万元。郑大钱连忙翻箱倒柜地找出借条，喊来郑小丹，让看看能不能起诉。

郑小丹拿过借条 看,借条上写着:

借 条

今借郑大钱人民币伍万元整,月息2分。

借款人:王二狗

某年某月某日

连带责任保证人:郑彪

某年某月某日

郑小丹说:"当然可以起诉了,连同利息都可以一并主张,但有一点,郑彪没有写保证期间,按法律规定保证期间是半年,现在三年过去了,郑彪已经脱保了。"

"能起诉就好,明天就去立案,郑彪无所谓,我也不打算让郑彪还钱。"郑大钱说道。

第二天,郑大钱拿着借条去法院立案了,不到一周时间,速裁庭的法官就通知郑大钱到庭调解。

郑大钱走进法庭,就老远看见王二狗跷着二郎腿若无其事地坐在被告席上,见他进来,依旧玩着手机,连眼睛也不抬一下,这让郑大钱更生气了。

调解法官问王二狗,有没有还款计划,王二狗毕恭毕敬地站起来,说道:"尊敬的法官大人,我认为原告的诉请已过三年诉讼时效,依法应予驳回。"

显然,王二狗已经咨询过律师了,这句话明显是律师教给他的。

"你个狗东西,白眼狼,枉我养你三年,我养条狗,三年后也知道摇尾巴呢……"郑大钱听到这句话已经气炸了,再也没办法维持自己的修养。

"你还有脸找我要钱,我解除劳动合同的经济补偿金呢?我的社保呢?我未签劳动合同的双倍工资呢?真是给脸不要脸……"王二狗也不依不饶。

两人一见面,就吵了起来,话越说越难听,法官立刻制止了双方的争吵,斡旋调解了一阵子,终究没有个结果,于是另行安排了开庭时间,让双方都回去冷静冷静。

正所谓,爱之深,责之切。郑大钱这些年对王二狗很是看中,闹到今天这步田地,郑大钱始料未及。回家后,郑大钱就生病了,迷迷糊糊在家躺了三天,身体才稍微好转。早上刚到办公室,就听见外面闹哄哄的,问清缘由,郑大钱差点又昏死过去。

一、民事诉讼时效为三年,超过诉讼时效起诉丧失胜诉权

《民法典》第188条规定,向人民法院请求保护民事权利的诉讼时效期间为三年。

《民事诉讼法解释》第219条规定,当事人超过诉讼时效期间起诉的,人民法院应予受理。受理后对方当事人提出诉讼时效抗辩,人民法院经审理认为抗辩事由成立的,判决驳回原告的诉讼请求。

本案中,郑大钱时隔三年之后才提起诉讼,如果诉讼时效从出具借条之日起算,郑大钱提起诉讼也已过了三年,法院可依法判决驳回郑大钱的诉讼请求。

示意图二十一

二、本案借条未载明还款时间,诉讼时效起算时间为郑大钱起诉之日,并非借条出具之日,本案并未超过诉讼时效

《民法典》第188条规定,诉讼时效期间自权利人知道或者应当知道权利受到损害以及义务人之日起计算。

《民法典》第675条规定,对借款期限没有约定或者约定不明确,借款人可以随时返还;贷款人可以催告借款人在合理期限内返还。

据此可知,未约定还款期限的借款合同,出借人可以随时要求借款人返还。对于未约定还款期限的借款合同,诉讼时效应从出借人主张权利而借款人拒绝履行义务之日起计算。本案郑大钱主张权利之日为起诉之日,故本案诉讼时效应自郑大钱起诉之日起计算,期限为三年,郑大钱未

超过诉讼时效。

三、"月息2分"的利率标准超过法律保护的利率上限,利息应按合同成立时4倍LPR计算

《民间借贷规定》第25条规定,出借人请求借款人按照合同约定利率支付利息的,人民法院应予支持,但是双方约定的利率超过合同成立时一年期贷款市场报价利率4倍的除外。前款所称"一年期贷款市场报价利率",是指中国人民银行授权全国银行间同业拆借中心自2019年8月20日起每月发布的一年期贷款市场报价利率(即LPR)。

郑大钱与王二狗约定利率为"月息2分",所谓2分利息,是以1元人民币作为参照基数,也就是每1块钱一个月需要借款人支付2分钱的利息,"分"就是百分之多少,月利息2分就是每个月2%的利息,具体年化就是$2\% \times 12 = 24\%$,所以2分利息的年化利息为24%,该利率标准高于合同成立时LPR的4倍,故本案的利率标准应按照合同成立时LPR的4倍计算。

攻防招式

时不我待,语出《论语·阳货》:"日月逝矣,岁不我与。"意思是时间不会等待我们,指要珍惜并充分利用时间。

该招式在合同攻防术中为"攻"式,意思是要及时主张权利。

在西方,有一句法谚是这样说的:"法律不保护权利上的睡眠者。"也就是说,法律只帮助积极主张权利的人,而不帮助怠于行使权利的人。为什么要这样规定呢?

法律规定时效制度是基于社会稳定性的考虑。试想一下,如果没有时效制度,一个纠纷不管时隔多久都可以向法院诉讼,这个纠纷将长期存在。老话说得好,不怕贼偷就怕贼惦记,这样不仅会导致权利人负面情绪的累积,还会使得相对方长期处于担忧状态(对方到底会不会主张相应权利)。基于此,时效制度的设置,督促债权人行使权利,确实有利于解决纠纷,有利于社会的稳定。

《民法典》规定诉讼时效是三年,如果过了诉讼时效,就丧失了"胜诉权",这就意味着债务由"强制之债"变成了"自然之债"。

法院不管了,但债还是自己的,毕竟还是在讨自己的债,要还是可以要的,但对方能不能给,就看对方的胸怀了,反正法院不会再撑腰了。

为了保护债权人的权利不至于因为时间流逝而丧失,《民法典》设置了诉讼时效的中断制度,诉讼时效中断指的是诉讼时效期间进行中,因发生一定的法定事由,致使已经经过的时效期间统归于无效,待时效中断的事由消除后,诉讼时效期间重新起算。

诉讼时效中断对当事人意义非凡,在诉讼时效届满之前,可以采取如下措施,中断诉讼时效。

一、向对方送交主张权利文书(推荐使用律师函)

权利人送交主张权利文书能否引起诉讼时效中断的关键在于权利文书是否到达。如果对方当事人在权利文书上签字、盖章、捺指印,则表明对方当事人有明确收到的意思表示,构成诉讼时效中断。如对方当事人没有在权利文书上签字、盖章、捺指印,那么权利人需要举证证明权利文书已经到达对方当事人,或存在其他中断事由,否则无法构成诉讼时效的中断。

对方当事人为法人或者其他组织的,签收人可以是其法定代表人、主要负责人、负责收发信件的部门或者被授权主体;若对方当事人为自然人的,签收人可以是自然人本人、同住的具有完全行为能力的亲属或者被授权主体。其中常见律师函、企业询证函、逾期催收通知书等主张权利的文书,建议使用律师函,送达操作更专业。

二、向对方发送信件或者数据电文

实务中,常见的操作方式有邮寄、电子邮件、短信、微信、电报、传真等。

三、刊登具有主张权利内容的公告

刊登公告适用一方当事人下落不明的情形,主要是指权利人无法在义务人的住所地、经常居住地等法定或约定的通讯方式或地址与其取得联系,或通过可能与义务人有联系的人或组织也不知其下落的情况,导致权利人陷入无法将主张权利的意思表示送达给义务人的困境。

四、取得对方同意履行义务的证据

义务人同意履行义务的具体情形为:义务人做出分期履行、部分履行、提供担保、请求延期履行、制订清偿债务计划等承诺的行为。

五、提起诉讼或者申请仲裁

只要权利人向法院或仲裁机构提交起诉材料或仲裁申请,就应认定为诉讼时效中断,而无需等待法院或仲裁机构受理。

六、与提起诉讼或者申请仲裁具有同等效力的其他情形

①申请支付令;

②申请破产、申报破产债权;

③为主张权利而申请宣告义务人失踪或死亡;

④申请诉前措施;

⑤申请强制执行;

⑥申请追加当事人或者被通知参加诉讼;

⑦在诉讼中主张抵销;

⑧向社会组织提出保护相应民事权利的请求,社会组织包括人民调解委员会以及其他依法有权解决相关民事纠纷的国家机关、事业单位、社会团体等社会组织;

⑨刑事案件受害人向司法机关报案或者控告。

招式依据

《民法典》关于诉讼时效的规定

第一百八十八条　向人民法院请求保护民事权利的诉讼时效期间为三年。法律另有规定的,依照其规定。

诉讼时效期间自权利人知道或者应当知道权利受到损害以及义务人之日起计算。法律另有规定的,依照其规定。但是,自权利受到损害之日起超过二十年的,人民法院不予保护,有特殊情况的,人民法院可以根据权利人的申请决定延长。

第一百九十四条　在诉讼时效期间的最后六个月内,因下列障碍,不能行使请求权的,诉讼时效中止:

(一)不可抗力;

(二)无民事行为能力人或者限制民事行为能力人没有法定代理人,或者法定代理人死亡、丧失民事行为能力、丧失代理权;

(三)继承开始后未确定继承人或者遗产管理人;

(四)权利人被义务人或者其他人控制;

(五)其他导致权利人不能行使请求权的障碍。

自中止时效的原因消除之日起满六个月,诉讼时效期间届满。

第一百九十五条　有下列情形之一的,诉讼时效中断,从中断、有关

程序终结时起,诉讼时效期间重新计算:

(一)权利人向义务人提出履行请求;

(二)义务人同意履行义务;

(三)权利人提起诉讼或者申请仲裁;

(四)与提起诉讼或者申请仲裁具有同等效力的其他情形。

第五篇 合同管理

第二十三式
狐假虎威：被代表，亦担责

招式要诀

被代表，亦担责，是指我虽然无权代表你，但如果我以某种假象（比如持有加盖公司公章的空白合同或介绍信）让第三人有理由相信我有权代表你，那么我基于这种无权代表而做出的一些行为后果将由你来承担责任。

商道演义

第二十三回　催发货客户来理论
　　　　　　悔断肠大钱吞苦果

郑大钱大病初愈，早上刚进办公室，就碰到之前给他抵桑塔纳轿车的KTV经理在门口闹事，郑大钱有点纳闷，不会又是这辆车惹出来的麻烦吧，这真是一辆不吉利的车。

KTV经理见郑大钱来了，直接来到郑大钱的办公室理论，郑大钱笑脸相迎,经理一屁股坐在沙发上说道:"郑总,知音阁也算是大品牌了,怎么做事这么不厚道啊?"

郑大钱不知何故,急忙问道:"李总,不着急,您说,什么情况?"

"你看,郑总,我在城东新开了一家KTV,需要大量的音响设备,咱都合作这么多年,我还能找谁啊,我只能找你郑总啊。前两天我联系王二狗,二狗满口答应,你看,合同都签了,我定金都付了,现在你们的人给说没货,不知道怎么回事,不带这么坑人的吧!"

郑大钱拿过合同,仔仔细细地从头看到尾,没错,这就是知音阁的合同,便问经理:"您说定金付过了,定金付给谁了?"

"王二狗啊,你看微信转账记录还在呢,我给王二狗转了5万元定金。"经理拿出手机,递给郑大钱看。

"哎呀,你糊涂啊,你怎么能给王二狗呢?他已经离职了啊!"郑大钱拍着大腿说。

"他离职了,我哪里知道啊,上次你不是还让他把我的车开走了吗?再说他手里拿着你们公司的合同和委托书……"经理话还没说完,郑大钱就拿起手机给王二狗打电话,听筒里传来了"您拨打的电话已关机"的声音。

"别打了!"经理不耐烦地说,"我都打过一百遍了,早关机了。"

郑大钱来回踱着步子,慢慢冷静下来,必须得先把眼前的事处理了。

"李总,您放心,知音阁一定会给您一个满意的答复,我们内部管理出现了一点小问题,今天您要不先回去,我把我们内部的事情处理完毕,改日登门拜访。"郑大钱客气道。

"别让我等太久!"经理说完抬腿就走。

经理刚走出门,郑大钱就给郑彪拨通了电话,郑彪也没有王二狗的消息。

郑大钱脑海中浮现王二狗临走前的最后一句话:"咱走着瞧!"原来那时候他已经打定主意了。

公司的业务员建议郑大钱报警,郑大钱心有余而力不足,摆摆手道:"看在王二狗这么多年为公司做出贡献的份上,这件事就算了。做人莫做王二狗啊!"郑大钱说完就往办公室里间走去。

"那KTV的订货合同怎么处理?"业务员急忙问。

"还能怎么处理,正常履行吧,这是咱自己的问题,自己认栽吧!"。

业务员看着郑大钱的背影,突然觉得他好像老了几十岁,不再是当年那个意气风发的男人了。

郑大钱刚走回办公室里间,就软绵绵地跌倒在了沙发上,病情好像又严重了一些。

演义拆解

一、王二狗离职后无权代表知音阁与客户签订合同

《民法典》第 162 条规定,代理人在代理权限内,以被代理人名义实施的民事法律行为,对被代理人发生效力。本案中王二狗已经离职,不再是知音阁的销售代表,没有代理权限,因此,王二狗无权代表知音阁与客户签订合同。

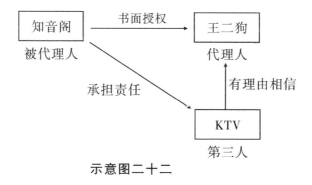

示意图二十二

二、虽然王二狗无权代理,但客户有理由相信王二狗有代理权

王二狗做知音阁的销售多年,长期与客户对接,且手持加盖知音阁公章的合同和委托书,客户有理由相信王二狗有代理权,客户在签合同时是善意的,法律应该保护善意第三人的利益。

三、王二狗的行为构成表见代理,知音阁应向客户履行合同义务

《民法典》第 172 条关于表见代理是这样规定的:行为人没有代理权、超越代理权或者代理权终止后,仍然实施代理行为,相对人有理由相信行为人有代理权的,代理行为有效。

王二狗没有代理权,仍然代表知音阁实施代理行为,与客户签订购销合同,客户有理由相信王二狗有权代表知音阁,根据上述法律规定,王二狗的代理行为有效,构成表见代理,其行为后果应当由被代理人知音阁承担。

攻防招式

狐假虎威,语出《战国策·楚策一》:"虎求百兽而食之,得狐。……虎以为然,故遂与之行。兽见之皆走,虎不知兽畏己而走也,以为畏狐也。"原义是狐狸假借老虎的威势吓唬百兽,后比喻仰仗或倚仗别人的权势来欺压、恐吓人。

该招式在合同攻防术中为"防"式,意思是要管理好授权资料,防止一些无权代理人利用授权资料与他人签订合同,从而出现侵害公司权益的行为。

试想,一个离职的业务员拿着原单位的合同、委托书、介绍信来谈业务,不知情者谁能想到他已经离职,有多少人能意识到他正在狐假虎威,招摇撞骗?

大千世界,无奇不有,防不胜防。离职业务员的上述行为就是表见代理。

表见代理从严格意义上讲属于无权代理,但法律为了维护交易安全,从促进交易的角度出发,将表见代理发生有权代理的法律效果,在相对人有理由相信行为人有代理权的,该代理行为有效。

简而言之即无权代理人因具有有权代理的"假象",而使其代理行为的法律效果等同于有权代理。

随着公司销售员、业务员的跳槽日益频繁,让公司头疼的不光是销售人才的流失，更是因销售人员离职后发生"表见代理"的法律风险极容易导致公司陷入官司的泥潭，威胁公司生存和发展，并成为埋在公司身边的"不定时炸弹"，使公司不经意间就要为员工的行为承担责任。司法实践中表见代理纠纷往往与民事欺诈、刑事诈骗等不法行为相伴而生，不但会使企业承担诉累，更可能造成企业巨额财产损失。

一般而言，表见代理的构成要件包括两点：一是代理人具有足以使人相信其具有代理权的事实或理由，二是合同相对方是善意的。防范表见代理，实务操作建议如下。

一、规范授权文书

授权文书应注明授权期限、权限，倡导一事一授权，严禁出具、外带加盖公章的空白授权文书、格式合同。已经出具而没有实际使用或废止的空白合同、授权委托书等文件必须及时收回原件及复印件。

授权委托书载明以下各项内容：代理人身份信息及其与公司之间的基础关系、代理事项、代理权限范围（核心内容）、代理期限、被代理人签章。

二、及时告知第三方

物资设备、材料、项目日常用品等采购人员或项目负责人离职应及时通知与项目长期合作、贸易往来的第二方，做到"釜底抽薪"。

三、管控公司物品

妥善管控员工卡、工牌、工作服等物品，严禁向非公司工作人员提供前述物品。

四、制止冒用行为

发现有关主体盗用、冒用公司名义从事各项活动，及时制止，通过报纸、网站等媒体公告并向行政机关及时报告、备案,必要情况下应向公安机关报案。

五、加强财务管理

所有付款必须对公支付,禁止员工个人现金收款或将款项支付给个人。

招式依据

《民法典》关于表见代理的规定

第一百七十二条　行为人没有代理权、超越代理权或者代理权终止后,仍然实施代理行为,相对人有理由相信行为人有代理权的,代理行为有效。

第二十四式
建章立制：明制度，控风险

招式要诀

明制度，控风险，是指在企业日常经营管理过程中，应建立完善的合规体系和法律风险管控制度，为企业的良性发展保驾护航。

商道演义

第二十四回 窃兵符二狗调兵马
叹今生大钱演商道[①]

郑大钱刚走回办公室里间，就感觉头晕目眩，一跟头栽在了沙发上。

恍恍惚惚中，王二狗披挂着白铠白甲，化身一员大将，看见郑大钱，飞身下马，单膝跪地，打鞠作揖道："信陵君魏无忌参见魏王！"

郑大钱挥一挥手，缓缓说道："信陵君平身！"

王二狗起身道："启奏魏王，秦军围困邯郸，赵国危在旦夕，臣请出

[①]改编自《史记·魏公子列传》窃符救赵。

战,必将击退秦军!"

郑大钱道:"不妥,秦国虎狼之师,切莫引火烧身。"

王二狗不再多言。晚上,王二狗买通郑大钱的小妾,小妾蹑手蹑脚地来到郑大钱的床前,伸手在郑大钱的枕下摸索了一会儿,摸走了郑大钱的兵符。

这兵符是郑大钱传达命令调兵遣将的唯一凭证,要是被歹人偷走,魏国的千军万马将任由其调遣,后果不堪设想,郑大钱眼看着兵符被偷走,急得捶胸顿足,却好像被什么东西捆绑住,动弹不得。

王二狗拿到兵符后,将手一扬,唱道:"我手执钢鞭将你打……"一鞭下去,打死了一位誓死不从的将军。王二狗的举动震慑住其他人,其他人立马听从王二狗的指挥,浩浩荡荡跟着王二狗杀向秦国。

郑大钱歇斯底里地喊:"站住,我才是魏王,你们只能听我的指挥,他是王二狗,是个骗子……"

情急之下,郑大钱用尽全身力气一蹬,脚底一阵剧痛,猛然惊醒,这才发现自己躺在医院的病床上。郑小丹见状,哭着按服务器,激动地喊:"护士,护士,我爸醒了。"

呼呼啦啦一群白衣天使围在郑大钱床边,边检查边询问,郑大钱满脑子全是王二狗假扮信陵君窃符救赵的片段,一时间泪眼婆娑,无法言语。

再回首,往事如烟。

叹今生,只有那无尽的长路相伴。

正道是:

送金蟾,看话剧,

齐心合力生意隆。

耍心机,精算计,

貌合神离难永继。

兄弟反目恨弥深,

悲欢离合一场空。

波诡云谲演商道,

二十四式定乾坤。

演义拆解

一、兵符代表权力，魏国将士按兵符指令进攻秦国符合法律规定

《民法典》第490条规定，当事人采用合同书形式订立合同的，自当事人均签名、盖章或者按指印时合同成立。可见法律赋予印章代表企业行为的法律效力，企业印章是企业身份和权力的证明，兵符与企业印章有同等的法律效果。信陵君持兵符调兵遣将，魏国将士有理由相信兵符代表魏王兵权，实施了救赵攻秦的法律行为，符合法律规定。

二、信陵君盗窃兵符，涉嫌盗窃国家机关印章罪

《刑法》第280条规定，伪造、变造、买卖或者盗窃、抢夺、毁灭国家机关的公文、证件、印章的，处三年以下有期徒刑、拘役、管制或者剥夺政治权利，并处罚金；情节严重的，处三年以上十年以下有期徒刑，并处罚金。兵符作为古代传达命令或调兵遣将所用的凭证，属于国家机关印章，信陵君盗窃兵符，情节严重，构成犯罪，依法应当判处三年以上十年以下有期徒刑，并处罚金。

攻防招式

建章立制，语出三国·魏·刘劭《人物志·流业》："建法立制，强国富人，是谓法家，管仲、商鞅是也。"基本意思为建机制立章程。

该招式在合同攻防术中为"攻"式，制度就是公司的法律，建章立制是企业法律风险防控的重要手段。

一、建议将合同生效条款约定为"由合同各方法定代表人或委托代理人签名并加盖公章后生效"

当事人在签订合同时,通常会约定"本合同签字盖章后生效",如果合同没有签字或者没有盖章,是否生效呢?根据《民法典合同编通则解释》第22条的规定,合同上加盖印章和签名效力认定规则如下:

①合同签约人未超越代理权限,即使加盖的印章是假印章或不是备案印章,合同也是有效的。

②合同签约人未超越权限,合同没有约定以加盖印章作为合同成立条件的,即使合同没有加盖公章,也是有效的。

③没有经手人签字,仅有公章,合同有效。

实践中,合同尽量把生效条件约定明确,建议将合同生效条款约定为"由合同各方法定代表人或委托代理人签名并加盖公章后生效",确定得越清晰,争议越少。

二、建立健全印章管理制度

企业印章是公司经营管理活动中行使职权的重要凭证和工具,印章的管理,关系到公司正常的经营管理活动的开展,甚至影响到公司的生存和发展。

关于印章管理,建议如下:

①建立印章使用审批登记制度,完善有关公章保管、使用的制度,专人管理,杜绝盗盖偷盖等可能严重危及企业利益的行为。

②建立印章的使用责任及事故追责制度,明确的责任以及追责制度可以对那些可能违规的人产生威慑作用,也可以很好地解决后期追责的问题。

③印章放入保险柜,如果被盗及时报警同时留存报警记录,并登报挂

失作废公章。

④公章、合同专用章原则上不得带出办公室使用。如有特殊情况,建议建立印章外带审批、记录等制度,并同时安排印章管理员一同外出,及时收回印章。

⑤尽可能地采取"印章+负责人签字"方式签订合同、协议,增加防伪程度,让一枚印章无法达到造假目的。

⑥禁止在空白介绍信、空白纸张、空白单据等空白文件上盖公章。

三、建立健全合同管理制度

①建立"法律顾问一票否决"的合同审批制度,授予公司法律顾问审核合同一票否决权,降低合同法律风险。

②签订合同之前,需要进行风险评估,识别潜在的风险因素,制定应对措施,以最大程度地降低合同的风险。

③合同履行中,做好跟踪监督工作,如果发现合同执行过程中,偏离了合同约定的执行规定,应及时采取对应的措施,从而将违约造成的负面影响降到最低。

④合同履行中,落实合同材料存证管理工作,要注意留存可以证明合同流转、财务损失结果等方面相关证据,在日常管理中应当建立重要文档资料原件的收集、签收、保管、存档制度,确保原始文件可调可查。

⑤如果产生了合同纠纷,首先积极沟通、协商调解,如协商不成,建议正确面对,通过仲裁以及诉讼等方式,进行合同纠纷的有效处理。

随着公司的发展,合同的签订数量日益增多,且合同的复杂程度也日益增加,因此,必须重视合同合规管理体系建设,要依据公司经营发展的实际需求,对公司合同实施全面、动态、全过程的管理,降低因合同风险造成的不良影响,切实保障公司的合法权益,促进公司的健康发展。

参考文献

[1]最高人民法院办公厅主办.中华人民共和国最高人民法院公报.裁判文书选登及案例栏目.历年.

[2]最高人民法院中国应用法学研究所.人民法院案例选[M].北京:人民法院出版社,历年.

[3]最高人民法院民事审判第二庭.合同案件审判指导[M].北京:法律出版社,2014.

[4]王泽鉴.民法概要[M].北京:中国政法大学出版社,2003.

[5]王泽鉴.债法原理[M].北京:北京大学出版社,2009.

[6]史尚宽.债法总论[M].北京:中国政法大学出版社,2000.

[7]韩世远.合同法总论(第四版)[M].北京:法律出版社,2018.

[8]王利明.合同法分则研究[M].北京:中国人民大学出版社,2013.

[9]朱庆育.合同法评注选[M].北京:北京大学出版社,2019.

[10]高云.思维的笔迹[M].北京:法律出版社,2009.

[11]吴江水.完美的合同[M].北京:北京大学出版社,2020.

[12]何力,常金光.合同起草审查指南:三观四步法[M].北京:法律出版社,2021.

[13](汉)司马迁.史记[M].北京:中华书局,2011.

[14](宋)司马光.资治通鉴[M].北京:中华书局,2018.

[15](明)施耐庵,罗贯中.水浒传[M].北京:人民教育出版社,2004.

附录一

中华人民共和国最高人民法院公告

《最高人民法院关于适用〈中华人民共和国民法典〉合同编通则若干问题的解释》已于 2023 年 5 月 23 日由最高人民法院审判委员会第 1889 次会议通过,现予公布,自 2023 年 12 月 5 日起施行。

最高人民法院

2023 年 12 月 4 日

法释〔2023〕13 号

最高人民法院关于适用《中华人民共和国民法典》合同编通则若干问题的解释

(2023 年 5 月 23 日最高人民法院审判委员会第 1889 次会议通过,自 2023 年 12 月 5 日起施行)

为正确审理合同纠纷案件以及非因合同产生的债权债务关系纠纷案件,依法保护当事人的合法权益,根据《中华人民共和国民法典》、《中华人民共和国民事诉讼法》等相关法律规定,结合审判实践,制定本解释。

一、一般规定

第一条 人民法院依据民法典第一百四十二条第一款、第四百六十六条第一款的规定解释合同条款时,应当以词句的通常含义为基础,结合相关条款、合同的性质和目的、习惯以及诚信原则,参考缔约背景、磋商过程、履行行为等因素确定争议条款的含义。

有证据证明当事人之间对合同条款有不同于词句的通常含义的其他共同理解,一方主张按照词句的通常含义理解合同条款的,人民法院不予支持。

对合同条款有两种以上解释,可能影响该条款效力的,人民法院应当选择有利于该条款有效的解释;属于无偿合同的,应当选择对债务人负担较轻的解释。

第二条 下列情形,不违反法律、行政法规的强制性规定且不违背公序良俗的,人民法院可以认定为民法典所称的"交易习惯":

(一)当事人之间在交易活动中的惯常做法;

(二)在交易行为当地或者某一领域、某一行业通常采用并为交易对方订立合同时所知道或者应当知道的做法。

对于交易习惯,由提出主张的当事人一方承担举证责任。

二、合同的订立

第三条 当事人对合同是否成立存在争议,人民法院能够确定当事人姓名或者名称、标的和数量的,一般应当认定合同成立。但是,法律另有规定或者当事人另有约定的除外。

根据前款规定能够认定合同已经成立的,对合同欠缺的内容,人民法院应当依据民法典第五百一十条、第五百一十一条等规定予以确定。

当事人主张合同无效或者请求撤销、解除合同等,人民法院认为合同不成立的,应当依据《最高人民法院关于民事诉讼证据的若干规定》第五十三条的规定将合同是否成立作为焦点问题进行审理,并可以根据案件的具体情况重新指定举证期限。

第四条 采取招标方式订立合同,当事人请求确认合同自中标通知书到达中标人时成立的,人民法院应予支持。合同成立后,当事人拒绝签订书面合同的,人民法院应当依据招标文件、投标文件和中标通知书等确定合同内容。

采取现场拍卖、网络拍卖等公开竞价方式订立合同,当事人请求确认合同自拍卖师落槌、电子交易系统确认成交时成立的,人民法院应予支持。合同成立后,当事人拒绝签订成交确认书的,人民法院应当依据拍卖公告、竞买人的报价等确定合同内容。

产权交易所等机构主持拍卖、挂牌交易,其公布的拍卖公告、交易规则等文件公开确定了合同成立需要具备的条件,当事人请求确认合同自该条件具备时成立的,人民法院应予支持。

第五条　第三人实施欺诈、胁迫行为,使当事人在违背真实意思的情况下订立合同,受到损失的当事人请求第三人承担赔偿责任的,人民法院依法予以支持;当事人亦有违背诚信原则的行为的,人民法院应当根据各自的过错确定相应的责任。但是,法律、司法解释对当事人与第三人的民事责任另有规定的,依照其规定。

第六条　当事人以认购书、订购书、预订书等形式约定在将来一定期限内订立合同,或者为担保在将来一定期限内订立合同交付了定金,能够确定将来所要订立合同的主体、标的等内容的,人民法院应当认定预约合同成立。

当事人通过签订意向书或者备忘录等方式,仅表达交易的意向,未约定在将来一定期限内订立合同,或者虽然有约定但是难以确定将来所要订立合同的主体、标的等内容,一方主张预约合同成立的,人民法院不予支持。

当事人订立的认购书、订购书、预订书等已就合同标的、数量、价款或者报酬等主要内容达成合意,符合本解释第三条第一款规定的合同成立条件,未明确约定在将来一定期限内另行订立合同,或者虽然有约定但是当事人一方已实施履行行为且对方接受的,人民法院应当认定本约合同成立。

第七条　预约合同生效后,当事人一方拒绝订立本约合同或者在磋商订立本约合同时违背诚信原则导致未能订立本约合同的,人民法院应当认定该当事人不履行预约合同约定的义务。

人民法院认定当事人一方在磋商订立本约合同时是否违背诚信原则,应当综合考虑该当事人在磋商时提出的条件是否明显背离预约合同约定的内容以及是否已尽合理努力进行协商等因素。

第八条　预约合同生效后,当事人一方不履行订立本约合同的义务,对方请求其赔偿因此造成的损失的,人民法院依法予以支持。

前款规定的损失赔偿,当事人有约定的,按照约定;没有约定的,人民法院应当综合考虑预约合同在内容上的完备程度以及订立本约合同的条件的成就程度等因素酌定。

第九条　合同条款符合民法典第四百九十六条第一款规定的情形,当事人仅以合同系依据合同示范文本制作或者双方已经明确约定合同条款不属于格式条款为由主张该条款不是格式条款的,人民法院不予支持。

从事经营活动的当事人一方仅以未实际重复使用为由主张其预先拟定且未与对方协商的合同条款不是格式条款的,人民法院不予支持。但是,有证据证明该条款不是为了重复使用而预先拟定的除外。

第十条　提供格式条款的一方在合同订立时采用通常足以引起对方注意的文字、符号、字体等明显标识,提示对方注意免除或者减轻其责任、排除或者限制对方权利等与对方有重大利害关系的异常条款的,人民法院可以认定其已经履行民法典第四百九十六条第二款规定的提示义务。

提供格式条款的一方按照对方的要求,就与对方有重大利害关系的异常条款的概念、内容及其法律后果以书面或者口头形式向对方作出通常能够理解的解释说明的,人民法院可以认定其已经履行民法典第四百九十六条第二款规定的说明义务。

提供格式条款的一方对其已经尽到提示义务或者说明义务承担举证责任。对于通过互联网等信息网络订立的电子合同,提供格式条款的一方仅以采取了设置勾选、弹窗等方式为由主张其已经履行提示义务或者说明义务的,人民法院不予支持,但是其举证符合前两款规定的除外。

三、合同的效力

第十一条 当事人一方是自然人,根据该当事人的年龄、智力、知识、经验并结合交易的复杂程度,能够认定其对合同的性质、合同订立的法律后果或者交易中存在的特定风险缺乏应有的认知能力的,人民法院可以认定该情形构成民法典第一百五十一条规定的"缺乏判断能力"。

第十二条 合同依法成立后,负有报批义务的当事人不履行报批义务或者履行报批义务不符合合同的约定或者法律、行政法规的规定,对方请求其继续履行报批义务的,人民法院应予支持;对方主张解除合同并请求其承担违反报批义务的赔偿责任的,人民法院应予支持。

人民法院判决当事人一方履行报批义务后,其仍不履行,对方主张解除合同并参照违反合同的违约责任请求其承担赔偿责任的,人民法院应予支持。

合同获得批准前,当事人一方起诉请求对方履行合同约定的主要义务,经释明后拒绝变更诉讼请求的,人民法院应当判决驳回其诉讼请求,但是不影响其另行提起诉讼。

负有报批义务的当事人已经办理申请批准等手续或者已经履行生效

判决确定的报批义务,批准机关决定不予批准,对方请求其承担赔偿责任的,人民法院不予支持。但是,因迟延履行报批义务等可归责于当事人的原因导致合同未获批准,对方请求赔偿因此受到的损失的,人民法院应当依据民法典第一百五十七条的规定处理。

第十三条 合同存在无效或者可撤销的情形,当事人以该合同已在有关行政管理部门办理备案、已经批准机关批准或者已依据该合同办理财产权利的变更登记、移转登记等为由主张合同有效的,人民法院不予支持。

第十四条 当事人之间就同一交易订立多份合同,人民法院应当认定其中以虚假意思表示订立的合同无效。当事人为规避法律、行政法规的强制性规定,以虚假意思表示隐藏真实意思表示的,人民法院应当依据民法典第一百五十三条第一款的规定认定被隐藏合同的效力;当事人为规避法律、行政法规关于合同应当办理批准等手续的规定,以虚假意思表示隐藏真实意思表示的,人民法院应当依据民法典第五百零二条第二款的规定认定被隐藏合同的效力。

依据前款规定认定被隐藏合同无效或者确定不发生效力的,人民法院应当以被隐藏合同为事实基础,依据民法典第一百五十七条的规定确定当事人的民事责任。但是,法律另有规定的除外。

当事人就同一交易订立的多份合同均系真实意思表示,且不存在其他影响合同效力情形的,人民法院应当在查明各合同成立先后顺序和实际履行情况的基础上,认定合同内容是否发生变更。法律、行政法规禁止变更合同内容的,人民法院应当认定合同的相应变更无效。

第十五条 人民法院认定当事人之间的权利义务关系,不应当拘泥于合同使用的名称,而应当根据合同约定的内容。当事人主张的权利义务关系与根据合同内容认定的权利义务关系不一致的,人民法院应当结合缔约背景、交易目的、交易结构、履行行为以及当事人是否存在虚构交易标的等事实认定当事人之间的实际民事法律关系。

第十六条 合同违反法律、行政法规的强制性规定,有下列情形之一,由行为人承担行政责任或者刑事责任能够实现强制性规定的立法目的的,人民法院可以依据民法典第一百五十三条第一款关于"该强制性规定不导致该民事法律行为无效的除外"的规定认定该合同不因违反强制性规定无效:

(一)强制性规定虽然旨在维护社会公共秩序,但是合同的实际履行对社会公共秩序造成的影响显著轻微,认定合同无效将导致案件处理结果有失公平公正;

(二)强制性规定旨在维护政府的税收、土地出让金等国家利益或者其他民事主体的合法利益而非合同当事人的民事权益,认定合同有效不会影响该规范目的的实现;

(三)强制性规定旨在要求当事人一方加强风险控制、内部管理等,对方无能力或者无义务审查合同是否违反强制性规定,认定合同无效将使其承担不利后果;

(四)当事人一方虽然在订立合同时违反强制性规定,但是在合同订立后其已经具备补正违反强制性规定的条件却违背诚信原则不予补正;

(五)法律、司法解释规定的其他情形。

法律、行政法规的强制性规定旨在规制合同订立后的履行行为,当事人以合同违反强制性规定为由请求认定合同无效的,人民法院不予支持。但是,合同履行必然导致违反强制性规定或者法律、司法解释另有规定的除外。

依据前两款认定合同有效,但是当事人的违法行为未经处理的,人民法院应当向有关行政管理部门提出司法建议。当事人的行为涉嫌犯罪的,应当将案件线索移送刑事侦查机关;属于刑事自诉案件的,应当告知当事人可以向有管辖权的人民法院另行提起诉讼。

第十七条　合同虽然不违反法律、行政法规的强制性规定,但是有下列情形之一,人民法院应当依据民法典第一百五十三条第二款的规定认定合同无效:

(一)合同影响政治安全、经济安全、军事安全等国家安全的;

(二)合同影响社会稳定、公平竞争秩序或者损害社会公共利益等违背社会公共秩序的;

(三)合同背离社会公德、家庭伦理或者有损人格尊严等违背善良风俗的。

人民法院在认定合同是否违背公序良俗时,应当以社会主义核心价值观为导向,综合考虑当事人的主观动机和交易目的、政府部门的监管强度、一定期限内当事人从事类似交易的频次、行为的社会后果等因素,并在裁判文书中充分说理。当事人确因生活需要进行交易,未给社会公共秩序造成重大影响,且不影响国家安全,也不违背善良风俗的,人民法院不应当认定合同无效。

第十八条　法律、行政法规的规定虽然有"应当""必须"或者"不得"等表述,但是该规定旨在限制或者赋予民事权利,行为人违反该规定将构成无权处分、无权代理、越权代表等,或者导致合同相对人、第三人因此获得撤销权、解除权等民事权利的,人民法院应当依据法律、行政法规规定的关于违反该规定的民事法律后果认定合同效力。

第十九条　以转让或者设定财产权利为目的订立的合同,当事人或者真正权利人仅以让与人在订立合同时对标的物没有所有权或者处分权为由主张合同无效的,人民法院不予支持;因未取得真正权利人事后同意或者让与人事后未取得处分权导致合同不能履行,受让人主张解除合同并请求让与人承担违反合同的赔偿责任的,人民法院依法予以支持。

前款规定的合同被认定有效,且让与人已经将财产交付或者移转登记至受让人,真正权利人请求认定财产权利未发生变动或者请求返还财产的,人民法院应予支持。但是,受让人依据民法典第三百一十一条等规定善意取得财产权利的除外。

第二十条　法律、行政法规为限制法人的法定代表人或者非法人组织的负责人的代表权,规定合同所涉事项应当由法人、非法人组织的权力机构或者决策机构决议,或者应当由法人、非法人组织的执行机构决定,法定代表人、负责人未取得授权而以法人、非法人组织的名义订立合同,未尽到合理审查义务的相对人主张该合同对法人、非法人组织发生效力并由其承担违约责任的,人民法院不予支持,但是法人、非法人组织有过错的,可以参照民法典第一百五十七条的规定判决其承担相应的赔偿责任。相对人已尽到合理审查义务,构成表见代表的,人民法院应当依据民法典第五百零四条的规定处理。

合同所涉事项未超越法律、行政法规规定的法定代表人或者负责人的代表权限,但是超越法人、非法人组织的章程或者权力机构等对代表权的限制,相对人主张该合同对法人、非法人组织发生效力并由其承担违约责任的,人民法院依法予以支持。但是,法人、非法人组织举证证明相对人知道或者应当知道该限制的除外。

法人、非法人组织承担民事责任后,向有过错的法定代表人、负责人追偿因越权代表行为造成的损失的,人民法院依法予以支持。法律、司法解释对法定代表人、负责人的民事责任另有规定的,依照其规定。

第二十一条 法人、非法人组织的工作人员就超越其职权范围的事项以法人、非法人组织的名义订立合同,相对人主张该合同对法人、非法人组织发生效力并由其承担违约责任的,人民法院不予支持。但是,法人、非法人组织有过错的,人民法院可以参照民法典第一百五十七条的规定判决其承担相应的赔偿责任。前述情形,构成表见代理的,人民法院应当依据民法典第一百七十二条的规定处理。

合同所涉事项有下列情形之一的,人民法院应当认定法人、非法人组织的工作人员在订立合同时超越其职权范围:

(一)依法应当由法人、非法人组织的权力机构或者决策机构决议的事项;

(二)依法应当由法人、非法人组织的执行机构决定的事项;

(三)依法应当由法定代表人、负责人代表法人、非法人组织实施的事项;

(四)不属于通常情形下依其职权可以处理的事项。

合同所涉事项未超越依据前款确定的职权范围,但是超越法人、非法人组织对工作人员职权范围的限制,相对人主张该合同对法人、非法人组织发生效力并由其承担违约责任的,人民法院应予支持。但是,法人、非法人组织举证证明相对人知道或者应当知道该限制的除外。

法人、非法人组织承担民事责任后,向故意或者有重大过失的工作人员追偿的,人民法院依法予以支持。

第二十二条 法定代表人、负责人或者工作人员以法人、非法人组织的名义订立合同且未超越权限,法人、非法人组织仅以合同加盖的印章不是备案印章或者系伪造的印章为由主张该合同对其不发生效力的,人民法院不予支持。

合同系以法人、非法人组织的名义订立,但是仅有法定代表人、负责人或者工作人员签名或者按指印而未加盖法人、非法人组织的印章,相对人能够证明法定代表人、负责人或者工作人员在订立合同时未超越权限的,人民法院应当认定合同对法人、非法人组织发生效力。但是,当事人约定以加盖印章作为合同成立条件的除外。

合同仅加盖法人、非法人组织的印章而无人员签名或者按指印,相对人能够证明合同系法定代表人、负责人或者工作人员在其权限范围内订立的,人民法院应当认定该合同对法人、非法人组织发生效力。

在前三款规定的情形下,法定代表人、负责人或者工作人员在订立合同时虽然超越代表或者代理权限,但是依据民法典第五百零四条的规定构成表见代表,或者依据民法典第一百七十二条的规定构成表见代理的,人民法院应当认定合同对法人、非法人组织发生效力。

第二十三条　法定代表人、负责人或者代理人与相对人恶意串通,以法人、非法人组织的名义订立合同,损害法人、非法人组织的合法权益,法人、非法人组织主张不承担民事责任的,人民法院应予支持。

法人、非法人组织请求法定代表人、负责人或者代理人与相对人对因此受到的损失承担连带赔偿责任的,人民法院应予支持。

根据法人、非法人组织的举证,综合考虑当事人之间的交易习惯、合同在订立时是否显失公平、相关人员是否获取了不正当利益、合同的履行情况等因素,人民法院能够认定法定代表人、负责人或者代理人与相对人存在恶意串通的高度可能性的,可以要求前述人员就合同订立、履行的过程等相关事实作出陈述或者提供相应的证据。其无正当理由拒绝作出陈述,或者所作陈述不具合理性又不能提供相应证据的,人民法院可以认定恶意串通的事实成立。

第二十四条　合同不成立、无效、被撤销或者确定不发生效力,当事人请求返还财产,经审查财产能够返还的,人民法院应当根据案件具体情况,单独或者合并适用返还占有的标的物、更正登记簿册记载等方式;经审查财产不能返还或者没有必要返还的,人民法院应当以认定合同不成立、无效、被撤销或者确定不发生效力之日该财产的市场价值或者以其他合理方式计算的价值为基准判决折价补偿。

除前款规定的情形外,当事人还请求赔偿损失的,人民法院应当结合财产返还或者折价补偿的情况,综合考虑财产增值收益和贬值损失、交易成本的支出等事实,按照双方当事人的过错程度及原因力大小,根据诚信原则和公平原则,合理确定损失赔偿额。

合同不成立、无效、被撤销或者确定不发生效力,当事人的行为涉嫌违法且未经处理,可能导致一方或者双方通过违法行为获得不当利益的,人民法院应当向有关行政管理部门提出司法建议。当事人的行为涉嫌犯罪的,应当将案件线索移送刑事侦查机关;属于刑事自诉案件的,应当告知当事人可以向有管辖权的人民法院另行提起诉讼。

第二十五条　合同不成立、无效、被撤销或者确定不发生效力,有权请求返还价款或者报酬的当事人一方请求对方支付资金占用费的,人民法院应当在当事人请求的范围内按照中国人民银行授权全国银行间同业拆借中心公布的一年期贷款市场报价利率(LPR)计算。但是,占用资金的当事人对于合同不成立、无效、被撤销或者确定不发生效力没有过错的,应当以中国人民银行公布的同期同类存款基准利率计算。

双方互负返还义务,当事人主张同时履行的,人民法院应予支持;占有标的物的一方对标的物存在使用或者依法可以使用的情形,对方请求将其应支付的资金占用费与应收取的标的物使用费相互抵销的,人民法院应予支持,但是法律另有规定的除外。

四、合同的履行

第二十六条　当事人一方未根据法律规定或者合同约定履行开具发票、提供证明文件等非主要债务,对方请求继续履行该债务并赔偿因怠于履行该债务造成的损失的,人民法院依法予以支持;对方请求解除合同的,人民法院不予支持,但是不履行该债务致使不能实现合同目的或者当事人另有约定的除外。

第二十七条　债务人或者第三人与债权人在债务履行期限届满后达成以物抵债协议,不存在影响合同效力情形的,人民法院应当认定该协议自当事人意思表示一致时生效。

债务人或者第三人履行以物抵债协议后,人民法院应当认定相应的原债务同时消灭;债务人或者第三人未按照约定履行以物抵债协议,经催告后在合理期限内仍不履行,债权人选择请求履行原债务或者以物抵债协议的,人民法院应予支持,但是法律另有规定或者当事人另有约定的除外。

前款规定的以物抵债协议经人民法院确认或者人民法院根据当事人达成的以物抵债协议制作成调解书,债权人主张财产权利自确认书、调解书生效时发生变动或者具有对抗善意第三人效力的,人民法院不予支持。

债务人或者第三人以自己不享有所有权或者处分权的财产权利订立以物抵债协议的,依据本解释第十九条的规定处理。

第二十八条　债务人或者第三人与债权人在债务履行期限届满前达成以物抵债协议的,人民法院应当在审理债权债务关系的基础上认定该协议的效力。

当事人约定债务人到期没有清偿债务,债权人可以对抵债财产拍卖、变卖、折价以实现债权的,人民法院应当认定该约定有效。当事人约定债务人到期没有清偿债务,抵债财产归债权人所有的,人民法院应当认定该约定无效,但是不影响其他部分的效力;债权人请求对抵债财产拍卖、变卖、折价以实现债权的,人民法院应予支持。

当事人订立前款规定的以物抵债协议后,债务人或者第三人未将财产权利转移至债权人名下,债权人主张优先受偿的,人民法院不予支持;债务人或者第三人已将财产权利转移至债权人名下的,依据《最高人民法院关于适用〈中华人民共和国民法典〉有关担保制度的解释》第六十八条的规定处理。

第二十九条　民法典第五百二十二条第二款规定的第三人请求债务人向自己履行债务的,人民法院应予支持;请求行使撤销权、解除权等民事权利的,人民法院不予支持,但是法律另有规定的除外。

合同依法被撤销或者被解除,债务人请求债权人返还财产的,人民法院应予支持。

债务人按照约定向第三人履行债务,第三人拒绝受领,债权人请求债务人向自己履行债务的,人民法院应予支持,但是债务人已经采取提存等方式消灭债务的除外。第三人拒绝受领或者受领迟延,债务人请求债权人赔偿因此造成的损失的,人民法院依法予以支持。

第三十条　下列民事主体,人民法院可以认定为民法典第五百二十四条第一款规定的对履行债务具有合法利益的第三人:

(一)保证人或者提供物的担保的第三人;

(二)担保财产的受让人、用益物权人、合法占有人;

(三)担保财产上的后顺位担保权人;

（四）对债务人的财产享有合法权益且该权益将因财产被强制执行而丧失的第三人；

（五）债务人为法人或者非法人组织的，其出资人或者设立人；

（六）债务人为自然人的，其近亲属；

（七）其他对履行债务具有合法利益的第三人。

第三人在其已经代为履行的范围内取得对债务人的债权，但是不得损害债权人的利益。

担保人代为履行债务取得债权后，向其他担保人主张担保权利的，依据《最高人民法院关于适用〈中华人民共和国民法典〉有关担保制度的解释》第十三条、第十四条、第十八条第二款等规定处理。

第三十一条　当事人互负债务，一方以对方没有履行非主要债务为由拒绝履行自己的主要债务的，人民法院不予支持。但是，对方不履行非主要债务致使不能实现合同目的或者当事人另有约定的除外。

当事人一方起诉请求对方履行债务，被告依据民法典第五百二十五条的规定主张双方同时履行的抗辩且抗辩成立，被告未提起反诉的，人民法院应当判决被告在原告履行债务的同时履行自己的债务，并在判项中明确原告申请强制执行的，人民法院应当在原告履行自己的债务后对被告采取执行行为；被告提起反诉的，人民法院应当判决双方同时履行自己的债务，并在判项中明确任何一方申请强制执行的，人民法院应当在该当事人履行自己的债务后对对方采取执行行为。

当事人一方起诉请求对方履行债务，被告依据民法典第五百二十六条的规定主张原告应先履行的抗辩且抗辩成立的，人民法院应当驳回原告的诉讼请求，但是不影响原告履行债务后另行提起诉讼。

第三十二条　合同成立后，因政策调整或者市场供求关系异常变动等原因导致价格发生当事人在订立合同时无法预见的、不属于商业风险的涨跌,继续履行合同对于当事人一方明显不公平的,人民法院应当认定合同的基础条件发生了民法典第五百三十三条第一款规定的"重大变化"。但是,合同涉及市场属性活跃、长期以来价格波动较大的大宗商品以及股票、期货等风险投资型金融产品的除外。

合同的基础条件发生了民法典第五百三十三条第一款规定的重大变化,当事人请求变更合同的,人民法院不得解除合同;当事人一方请求变更合同,对方请求解除合同的,或者当事人一方请求解除合同,对方请求变更合同的,人民法院应当结合案件的实际情况,根据公平原则判决变更或者解除合同。

人民法院依据民法典第五百三十三条的规定判决变更或者解除合同的,应当综合考虑合同基础条件发生重大变化的时间、当事人重新协商的情况以及因合同变更或者解除给当事人造成的损失等因素,在判项中明确合同变更或者解除的时间。

当事人事先约定排除民法典第五百三十三条适用的,人民法院应当认定该约定无效。

五、合同的保全

第三十三条 债务人不履行其对债权人的到期债务,又不以诉讼或者仲裁方式向相对人主张其享有的债权或者与该债权有关的从权利,致使债权人的到期债权未能实现的,人民法院可以认定为民法典第五百三十五条规定的"债务人怠于行使其债权或者与该债权有关的从权利,影响债权人的到期债权实现"。

第三十四条 下列权利,人民法院可以认定为民法典第五百三十五条第一款规定的专属于债务人自身的权利:

（一）抚养费、赡养费或者扶养费请求权；

（二）人身损害赔偿请求权；

（三）劳动报酬请求权，但是超过债务人及其所扶养家属的生活必需费用的部分除外；

（四）请求支付基本养老保险金、失业保险金、最低生活保障金等保障当事人基本生活的权利；

（五）其他专属于债务人自身的权利。

第三十五条　债权人依据民法典第五百三十五条的规定对债务人的相对人提起代位权诉讼的，由被告住所地人民法院管辖，但是依法应当适用专属管辖规定的除外。

债务人或者相对人以双方之间的债权债务关系订有管辖协议为由提出异议的，人民法院不予支持。

第三十六条　债权人提起代位权诉讼后，债务人或者相对人以双方之间的债权债务关系订有仲裁协议为由对法院主管提出异议的，人民法院不予支持。但是，债务人或者相对人在首次开庭前就债务人与相对人之间的债权债务关系申请仲裁的，人民法院可以依法中止代位权诉讼。

第三十七条　债权人以债务人的相对人为被告向人民法院提起代位权诉讼，未将债务人列为第三人的，人民法院应当追加债务人为第三人。

两个以上债权人以债务人的同一相对人为被告提起代位权诉讼的，人民法院可以合并审理。债务人对相对人享有的债权不足以清偿其对两个以上债权人负担的债务的，人民法院应当按照债权人享有的债权比例确定相对人的履行份额，但是法律另有规定的除外。

第三十八条　债权人向人民法院起诉债务人后，又向同一人民法院对债务人的相对人提起代位权诉讼，属于该人民法院管辖的，可以合并审理。不属于该人民法院管辖的,应当告知其向有管辖权的人民法院另行起诉;在起诉债务人的诉讼终结前,代位权诉讼应当中止。

第三十九条　在代位权诉讼中,债务人对超过债权人代位请求数额的债权部分起诉相对人,属于同一人民法院管辖的,可以合并审理。不属于同一人民法院管辖的,应当告知其向有管辖权的人民法院另行起诉;在代位权诉讼终结前,债务人对相对人的诉讼应当中止。

第四十条　代位权诉讼中,人民法院经审理认为债权人的主张不符合代位权行使条件的,应当驳回诉讼请求,但是不影响债权人根据新的事实再次起诉。

债务人的相对人仅以债权人提起代位权诉讼时债权人与债务人之间的债权债务关系未经生效法律文书确认为由,主张债权人提起的诉讼不符合代位权行使条件的,人民法院不予支持。

第四十一条　债权人提起代位权诉讼后,债务人无正当理由减免相对人的债务或者延长相对人的履行期限,相对人以此向债权人抗辩的,人民法院不予支持。

第四十二条　对于民法典第五百三十九条规定的"明显不合理"的低价或者高价,人民法院应当按照交易当地一般经营者的判断,并参考交易时交易地的市场交易价或者物价部门指导价予以认定。

转让价格未达到交易时交易地的市场交易价或者指导价百分之七十的,一般可以认定为"明显不合理的低价";受让价格高于交易时交易地的市场交易价或者指导价百分之三十的,一般可以认定为"明显不合理的高价"。

债务人与相对人存在亲属关系、关联关系的,不受前款规定的百分之七十、百分之三十的限制。

第四十三条　债务人以明显不合理的价格，实施互易财产、以物抵债、出租或者承租财产、知识产权许可使用等行为，影响债权人的债权实现，债务人的相对人知道或者应当知道该情形，债权人请求撤销债务人的行为的，人民法院应当依据民法典第五百三十九条的规定予以支持。

第四十四条　债权人依据民法典第五百三十八条、第五百三十九条的规定提起撤销权诉讼的，应当以债务人和债务人的相对人为共同被告，由债务人或者相对人的住所地人民法院管辖，但是依法应当适用专属管辖规定的除外。

两个以上债权人就债务人的同一行为提起撤销权诉讼的，人民法院可以合并审理。

第四十五条　在债权人撤销权诉讼中，被撤销行为的标的可分，当事人主张在受影响的债权范围内撤销债务人的行为的，人民法院应予支持；被撤销行为的标的不可分，债权人主张将债务人的行为全部撤销的，人民法院应予支持。

债权人行使撤销权所支付的合理的律师代理费、差旅费等费用，可以认定为民法典第五百四十条规定的"必要费用"。

第四十六条　债权人在撤销权诉讼中同时请求债务人的相对人向债务人承担返还财产、折价补偿、履行到期债务等法律后果的，人民法院依法予以支持。

债权人请求受理撤销权诉讼的人民法院一并审理其与债务人之间的债权债务关系，属于该人民法院管辖的，可以合并审理。不属于该人民法院管辖的，应当告知其向有管辖权的人民法院另行起诉。

债权人依据其与债务人的诉讼、撤销权诉讼产生的生效法律文书申请强制执行的，人民法院可以就债务人对相对人享有的权利采取强制执行措施以实现债权人的债权。债权人在撤销权诉讼中,申请对相对人的财产采取保全措施的,人民法院依法予以准许。

六、合同的变更和转让

第四十七条 债权转让后,债务人向受让人主张其对让与人的抗辩的,人民法院可以追加让与人为第三人。

债务转移后,新债务人主张原债务人对债权人的抗辩的,人民法院可以追加原债务人为第三人。

当事人一方将合同权利义务一并转让后,对方就合同权利义务向受让人主张抗辩或者受让人就合同权利义务向对方主张抗辩的,人民法院可以追加让与人为第三人。

第四十八条 债务人在接到债权转让通知前已经向让与人履行,受让人请求债务人履行的,人民法院不予支持;债务人接到债权转让通知后仍然向让与人履行,受让人请求债务人履行的,人民法院应予支持。

让与人未通知债务人,受让人直接起诉债务人请求履行债务,人民法院经审理确认债权转让事实的,应当认定债权转让自起诉状副本送达时对债务人发生效力。债务人主张因未通知而给其增加的费用或者造成的损失从认定的债权数额中扣除的,人民法院依法予以支持。

第四十九条 债务人接到债权转让通知后,让与人以债权转让合同不成立、无效、被撤销或者确定不发生效力为由请求债务人向其履行的,人民法院不予支持。但是,该债权转让通知被依法撤销的除外。

受让人基于债务人对债权真实存在的确认受让债权后,债务人又以该债权不存在为由拒绝向受让人履行的,人民法院不予支持。但是,受让人知道或者应当知道该债权不存在的除外。

第五十条 让与人将同一债权转让给两个以上受让人,债务人以已经向最先通知的受让人履行为由主张其不再履行债务的,人民法院应予支持。债务人明知接受履行的受让人不是最先通知的受让人,最先通知的受让人请求债务人继续履行债务或者依据债权转让协议请求让与人承担违约责任的,人民法院应予支持;最先通知的受让人请求接受履行的受让人返还其接受的财产的,人民法院不予支持,但是接受履行的受让人明知该债权在其受让前已经转让给其他受让人的除外。

前款所称最先通知的受让人,是指最先到达债务人的转让通知中载明的受让人。当事人之间对通知到达时间有争议的,人民法院应当结合通知的方式等因素综合判断,而不能仅根据债务人认可的通知时间或者通知记载的时间予以认定。当事人采用邮寄、通讯电子系统等方式发出通知的,人民法院应当以邮戳时间或者通讯电子系统记载的时间等作为认定通知到达时间的依据。

第五十一条　第三人加入债务并与债务人约定了追偿权,其履行债务后主张向债务人追偿的,人民法院应予支持;没有约定追偿权,第三人依照民法典关于不当得利等的规定,在其已经向债权人履行债务的范围内请求债务人向其履行的,人民法院应予支持,但是第三人知道或者应当知道加入债务会损害债务人利益的除外。

债务人就其对债权人享有的抗辩向加入债务的第三人主张的,人民法院应予支持。

七、合同的权利义务终止

第五十二条　当事人就解除合同协商一致时未对合同解除后的违约责任、结算和清理等问题作出处理,一方主张合同已经解除的,人民法院应予支持。但是,当事人另有约定的除外。

有下列情形之一的,除当事人一方另有意思表示外,人民法院可以认定合同解除：

（一）当事人一方主张行使法律规定或者合同约定的解除权，经审理认为不符合解除权行使条件但是对方同意解除；

（二）双方当事人均不符合解除权行使的条件但是均主张解除合同。

前两款情形下的违约责任、结算和清理等问题，人民法院应当依据民法典第五百六十六条、第五百六十七条和有关违约责任的规定处理。

第五十三条　当事人一方以通知方式解除合同，并以对方未在约定的异议期限或者其他合理期限内提出异议为由主张合同已经解除的，人民法院应当对其是否享有法律规定或者合同约定的解除权进行审查。经审查，享有解除权的，合同自通知到达对方时解除；不享有解除权的，不发生合同解除的效力。

第五十四条　当事人一方未通知对方，直接以提起诉讼的方式主张解除合同，撤诉后再次起诉主张解除合同，人民法院经审理支持该主张的，合同自再次起诉的起诉状副本送达对方时解除。但是，当事人一方撤诉后又通知对方解除合同且该通知已经到达对方的除外。

第五十五条　当事人一方依据民法典第五百六十八条的规定主张抵销，人民法院经审理认为抵销权成立的，应当认定通知到达对方时双方互负的主债务、利息、违约金或者损害赔偿金等债务在同等数额内消灭。

第五十六条　行使抵销权的一方负担的数项债务种类相同，但是享有的债权不足以抵销全部债务，当事人因抵销的顺序发生争议的，人民法院可以参照民法典第五百六十条的规定处理。

行使抵销权的一方享有的债权不足以抵销其负担的包括主债务、利息、实现债权的有关费用在内的全部债务，当事人因抵销的顺序发生争议的，人民法院可以参照民法典第五百六十一条的规定处理。

第五十七条　因侵害自然人人身权益,或者故意、重大过失侵害他人财产权益产生的损害赔偿债务,侵权人主张抵销的,人民法院不予支持。

第五十八条　当事人互负债务,一方以其诉讼时效期间已经届满的债权通知对方主张抵销,对方提出诉讼时效抗辩的,人民法院对该抗辩应予支持。一方的债权诉讼时效期间已经届满,对方主张抵销的,人民法院应予支持。

八、违约责任

第五十九条　当事人一方依据民法典第五百八十条第二款的规定请求终止合同权利义务关系的,人民法院一般应当以起诉状副本送达对方的时间作为合同权利义务关系终止的时间。根据案件的具体情况,以其他时间作为合同权利义务关系终止的时间更加符合公平原则和诚信原则的,人民法院可以以该时间作为合同权利义务关系终止的时间,但是应当在裁判文书中充分说明理由。

第六十条　人民法院依据民法典第五百八十四条的规定确定合同履行后可以获得的利益时,可以在扣除非违约方为订立、履行合同支出的费用等合理成本后,按照非违约方能够获得的生产利润、经营利润或者转售利润等计算。

非违约方依法行使合同解除权并实施了替代交易,主张按照替代交易价格与合同价格的差额确定合同履行后可以获得的利益的,人民法院依法予以支持;替代交易价格明显偏离替代交易发生时当地的市场价格,违约方主张按照市场价格与合同价格的差额确定合同履行后可以获得的利益的,人民法院应予支持。

非违约方依法行使合同解除权但是未实施替代交易,主张按照违约行为发生后合理期间内合同履行地的市场价格与合同价格的差额确定合同履行后可以获得的利益的,人民法院应予支持。

第六十一条　在以持续履行的债务为内容的定期合同中,一方不履行支付价款、租金等金钱债务,对方请求解除合同,人民法院经审理认为合同应当依法解除的,可以根据当事人的主张,参考合同主体、交易类型、市场价格变化、剩余履行期限等因素确定非违约方寻找替代交易的合理期限,并按照该期限对应的价款、租金等扣除非违约方应当支付的相应履约成本确定合同履行后可以获得的利益。

非违约方主张按照合同解除后剩余履行期限相应的价款、租金等扣除履约成本确定合同履行后可以获得的利益的,人民法院不予支持。但是,剩余履行期限少于寻找替代交易的合理期限的除外。

第六十二条　非违约方在合同履行后可以获得的利益难以根据本解释第六十条、第六十一条的规定予以确定的,人民法院可以综合考虑违约方因违约获得的利益、违约方的过错程度、其他违约情节等因素,遵循公平原则和诚信原则确定。

第六十三条　在认定民法典第五百八十四条规定的"违约一方订立合同时预见到或者应当预见到的因违约可能造成的损失"时,人民法院应当根据当事人订立合同的目的,综合考虑合同主体、合同内容、交易类型、交易习惯、磋商过程等因素,按照与违约方处于相同或者类似情况的民事主体在订立合同时预见到或者应当预见到的损失予以确定。

除合同履行后可以获得的利益外,非违约方主张还有其向第三人承担违约责任应当支出的额外费用等其他因违约所造成的损失,并请求违约方赔偿,经审理认为该损失系违约一方订立合同时预见到或者应当预见到的,人民法院应予支持。

在确定违约损失赔偿额时,违约方主张扣除非违约方未采取适当措施导致的扩大损失、非违约方也有过错造成的相应损失、非违约方因违约获得的额外利益或者减少的必要支出的,人民法院依法予以支持。

第六十四条　当事人一方通过反诉或者抗辩的方式,请求调整违约金的,人民法院依法予以支持。

违约方主张约定的违约金过分高于违约造成的损失,请求予以适当减少的,应当承担举证责任。非违约方主张约定的违约金合理的,也应当提供相应的证据。

当事人仅以合同约定不得对违约金进行调整为由主张不予调整违约金的,人民法院不予支持。

第六十五条　当事人主张约定的违约金过分高于违约造成的损失,请求予以适当减少的,人民法院应当以民法典第五百八十四条规定的损失为基础,兼顾合同主体、交易类型、合同的履行情况、当事人的过错程度、履约背景等因素,遵循公平原则和诚信原则进行衡量,并作出裁判。

约定的违约金超过造成损失的百分之三十的,人民法院一般可以认定为过分高于造成的损失。

恶意违约的当事人一方请求减少违约金的,人民法院一般不予支持。

第六十六条　当事人一方请求对方支付违约金,对方以合同不成立、无效、被撤销、确定不发生效力、不构成违约或者非违约方不存在损失等为由抗辩,未主张调整过高的违约金的,人民法院应当就若不支持该抗辩,当事人是否请求调整违约金进行释明。第一审人民法院认为抗辩成立且未予释明,第二审人民法院认为应当判决支付违约金的,可以直接释明,并根据当事人的请求,在当事人就是否应当调整违约金充分举证、质证、辩论后,依法判决适当减少违约金。

被告因客观原因在第一审程序中未到庭参加诉讼,但是在第二审程序中到庭参加诉讼并请求减少违约金的,第二审人民法院可以在当事人就是否应当调整违约金充分举证、质证、辩论后,依法判决适当减少违约金。

第六十七条 当事人交付留置金、担保金、保证金、订约金、押金或者订金等,但是没有约定定金性质,一方主张适用民法典第五百八十七条规定的定金罚则的,人民法院不予支持。当事人约定了定金性质,但是未约定定金类型或者约定不明,一方主张为违约定金的,人民法院应予支持。

当事人约定以交付定金作为订立合同的担保,一方拒绝订立合同或者在磋商订立合同时违背诚信原则导致未能订立合同,对方主张适用民法典第五百八十七条规定的定金罚则的,人民法院应予支持。

当事人约定以交付定金作为合同成立或者生效条件,应当交付定金的一方未交付定金,但是合同主要义务已经履行完毕并为对方所接受的,人民法院应当认定合同在对方接受履行时已经成立或者生效。

当事人约定定金性质为解约定金,交付定金的一方主张以丧失定金为代价解除合同的,或者收受定金的一方主张以双倍返还定金为代价解除合同的,人民法院应予支持。

第六十八条 双方当事人均具有致使不能实现合同目的的违约行为,其中一方请求适用定金罚则的,人民法院不予支持。当事人一方仅有轻微违约,对方具有致使不能实现合同目的的违约行为,轻微违约方主张适用定金罚则,对方以轻微违约方也构成违约为由抗辩的,人民法院对该抗辩不予支持。

当事人一方已经部分履行合同,对方接受并主张按照未履行部分所占比例适用定金罚则的,人民法院应予支持。对方主张按照合同整体适用定金罚则的,人民法院不予支持,但是部分未履行致使不能实现合同目的的除外。

因不可抗力致使合同不能履行,非违约方主张适用定金罚则的,人民法院不予支持。

九、附则

第六十九条 本解释自 2023 年 12 月 5 日起施行。

民法典施行后的法律事实引起的民事案件,本解释施行后尚未终审的,适用本解释;本解释施行前已经终审,当事人申请再审或者按照审判监督程序决定再审的,不适用本解释。

附录二
合同攻防术二十四式体系表

	式序	式别	招式	要诀	法律概念
合同磋商	一	防	亢龙有悔	触刑律,莫伸手	刑事合规
	二	防	竹篮打水	保安全,防无效	合同无效
	三	攻	掘地三尺	查主体,明底细	合同主体
	四	防	以假乱真	假磋商,要担责	缔约过失
	五	攻	纵横交错	细编织,互制约	交易模式
合同签署	六	攻	一拍即合	发要约,待承诺	合同成立
	七	攻	滴水不漏	字词句,细斟酌	合同语言
	八	攻	正大光明	免责任,要提醒	格式合同
	九	防	覆水难收	若反悔,双倍退	定金条款
	十	防	金蝉脱壳	盯期限,防脱保	保证担保
	十一	攻	按部就班	办登记,交质物	物权担保
	十二	攻	有言在先	说丑话,要适度	违约责任
	十三	攻	以逸待劳	选管辖,宜便利	争议解决
合同履行	十四	攻	步步为营	有行动,必留痕	证据搜集
	十五	攻	拾遗补阙	先补充,后惯例	约定不明
	十六	攻	见风使舵	有风险,可中止	不安抗辩权
	十七	攻	白鹤亮翅	遇变更,勿默许	合同变更
	十八	攻	探囊取物	物抵债,看期限	以物抵债
合同救济	十九	攻	力挽狂澜	转资产,速撤销	债权人撤销权
	二十	攻	亡羊补牢	有损失,防扩大	减损规则
	二一	攻	全身而退	解合约,发通知	合同解除
	二二	攻	时不我待	满三年,胜诉难	诉讼时效
合同管理	二三	防	狐假虎威	被代表,亦担责	表见代理
	二四	攻	建章立制	明制度,控风险	合规体系

附录三
缩略语表

文件全称	文件简称	日期/文号
《中华人民共和国民法典》	《民法典》	2021年1月1日施行
《中华人民共和国刑法》	《刑法》	修正案十二（2024年3月1日起施行）
《中华人民共和国公司法》	《公司法》	2023修订（2024年7月1日施行）
《中华人民共和国民事诉讼法》	《民事诉讼法》	2023修正（2024年1月1日起施行）
《最高人民法院关于适用〈中华人民共和国民法典〉合同编通则若干问题的解释》	《民法典合同编通则解释》	法释〔2023〕13号
《最高人民法院关于适用〈中华人民共和国民事诉讼法〉的解释》	《民事诉讼法解释》	法释〔2022〕11号
《最高人民法院关于审理买卖合同纠纷案件适用法律问题的解释》	《买卖合同解释》	法释〔2020〕17号
《最高人民法院关于审理民间借贷案件适用法律若干问题的规定》	《民间借贷解释》	法释〔2020〕17号
《最高人民法院关于审理民事案件适用诉讼时效制度若干问题的规定》	《诉讼时效规定》	法释〔2020〕17号
《最高人民法院关于适用〈中华人民共和国民法典〉有关担保制度的解释》	《民法典担保制度解释》	法释〔2020〕28号
《最高人民法院关于民事诉讼证据的若干规定》	《证据规定》	法释〔2019〕19号

后 记

听说《平凡的世界》作者路遥先生在写到田晓霞死的情节时，大哭了一场。

在创作本书时，当写到王二狗不顾大雨独自走上街头的时候，我的眼眶也湿润了，写作靠的是情怀，是信念，有时候会不经意地将自己带入作品当中，作品就像是作者的孩子，不论是丑，还是美，在作者心里都是独一无二的。

由于律师工作的繁忙，没有整块的时间去写作，只有周末和晚上夜深人静的时候，翻开笔记本电脑，打开台灯，忘却白天的奔波与疲惫，断断续续，锱铢积累去创作，粗略一算，耗费了将近三年的时间。

这本书的特别之处在于，你可以把它当做一部小说来读，商道演义部分从前到后是一个完整的短篇小说，每一个章节都是一个案例故事，这些案例故事要么是最高人民法院发布的公报案例，要么是我们平时办案过程中所经历的真实案例，要么是一些经典国学故事，写作的难点在于找准案例，并将这些不相干的案例通过郑大钱和王二狗两大人物线索串联起来，在这方面尽管下了很大的功夫，查找了很多的资料，但仍然存在案例不够贴切、故事不够严谨的地方，如有不妥之处，请多多包容。

故事是本书的一大亮点，攻防招式也是本书的独有之处，为了让招式更加生动鲜活，我们查阅了大量的武功招式秘籍，甄选出最为贴合相应法律概念的招式名称，以增强读者对法律概念的理解和应用。攻防招式所给出的实务操作建议，是我们根据法律规定，结合实务中经常遇到的一些合同陷阱,给出的法律意见,力求实战性、操作性和实效性相结合。但不得不说明的是,这些建议都是律师多年的经验总结,既然是经验,难免会有疏漏和偏颇,如有不同意见,随时欢迎沟通与交流。

  作为一本书的后记,自然有很多感谢的话要说。首先感谢我的同事们,陕西信邦律师事务所李华律师、丁锐律师、雷维刚律师、姚来库律师、刘梅律师、王丽文律师,他们在我的写作过程中提供了很多专业性的指导和帮助,鼓励我持续不断地写作;其次,要感谢对书稿提出真知灼见的各位老师、同学和朋友们,他们是北京大学法学院法学博士王蓓老师、陕西邦维律师事务所刘云江老师、广州君信经纶君厚律师事务所李钊律师,以及赵颜鹏同学、杨鹏同学。

  最后,要特别鸣谢以下单位和个人的慷慨赞助,使得本书能早日与读者相见,他们是陕西德泰酒店管理有限公司何宗泰先生、陕西胭脂河坊商业管理有限公司刘联盟先生、陕西中超国际旅行社有限责任公司陈明先生、甘肃豫商华茂工贸有限公司李国辉先生、陕西瑞达矿用设备有限公司贾永强先生、礼泉新鑫医院白雄先生、西安悦德佳美管理咨询有限公司段永刚先生、中能氢建(陕西)电力设计院有限公司魏体泰先生、陕西凯东物联网信息科技有限公司李小东先生、西安谦信合新能源科技有限公司王瑞君先生、深圳市开源智慧科技有限公司周小凯先生、陕西华美时代建设工程有限公司巨美荣女士、陕西创荣筑信建设项目管理有限公司马首更先生。

  一切美好和期待,皆因有你。

  在此,我们一并表示衷心的感谢。

王小焕
2024 年 1 月 1 日